走向生态正义的生态文明理论

威廉·莱斯生态学马克思主义思想探析

祁松林 著

知识产权出版社
全国百佳图书出版单位
—北京—

图书在版编目（CIP）数据

走向生态正义的生态文明理论：威廉·莱斯生态学马克思主义思想探析 / 祁松林著.—北京：知识产权出版社，2023.11

ISBN 978-7-5130-9098-8

Ⅰ.①走… Ⅱ.①祁… Ⅲ.①威廉·莱斯－马克思主义－生态学－研究 Ⅳ.①A841.693

中国国家版本馆 CIP 数据核字（2023）第 252417 号

内容提要

生态问题是当代人类社会面临的最为紧迫的问题之一。20 世纪 70 年代，加拿大学者威廉·莱斯第一次系统阐述生态学马克思主义的理论纲领，帮助我们意识到，所谓生态问题的发生是几个世纪以来资本主义生产方式和消费方式与地球自然生态环境之间矛盾的一个必然结果。从本质上说，生态问题的凸显是资本主义生产方式的必然产物，生态危机本身则是资本主义危机的最新历史形态。本书从马克思关于“资本主义危机”的经典理论出发，深入考察莱斯生态学马克思主义理论的概念基础和历史构境，揭示其对我国当代社会转型过程中富有启示性的哲学思想资源，期待以此为我国当前生态文明建设提供一定的理论支持。

本书适合大中专院校马克思主义理论、哲学、社会学等领域的学术研究人员，从事思想政治教育宣传的工作人员，以及爱好马克思主义生态哲学思想的读者阅读使用。

责任编辑：李海波　　　**责任印制**：孙婷婷

走向生态正义的生态文明理论

——威廉·莱斯生态学马克思主义思想探析

ZOUXIANG SHENGTAI ZHENGYI DE SHENGTAI WENMING LILUN

——WEILIAN · LAISI SHENGTAIXUE MAKESI ZHUYI SIXIANG TANXI

祁松林 著

出版发行：	知识产权出版社有限责任公司	**网　　址**：	http:// www. ipph. cn
电　　话：	010 — 82004826		http:// www. laichushu. com
社　　址：	北京市海淀区气象路50 号院	**邮　　编**：	100081
责编电话：	010 — 82000860 转 8582	**责编邮箱**：	laichushu@cnipr.com
发行电话：	010 — 82000860 转 8101	**发行传真**：	010 — 82000893
印　　刷：	北京中献拓方科技发展有限公司	**经　　销**：	新华书店、各大网上书店及相关专业书店
开　　本：	720mm × 1000mm　1/16	**印　　张**：	12.25
版　　次：	2023 年 11 月第 1 版	**印　　次**：	2023 年 11 月第 1 次印刷
字　　数：	160 千字	**定　　价**：	68.00 元

ISBN 978-7-5130-9098-8

前　言

preface

生态问题是当代人类社会面临的最为紧迫的问题之一，建设生态文明的美丽中国已成为我国各项体制建设的基本目标和基本国策。对生态问题的考察不仅是一个关乎政治决策和社会政策的现实问题，在其深层概念结构上，它还是一个关于生态正义如何建构的政治哲学问题。20 世纪 70 年代，加拿大学者威廉·莱斯出版了《自然的控制》和《满足的限度》两本专著，第一次系统阐述生态学马克思主义的理论纲领，帮助我们意识到，所谓生态问题的发生是几个世纪以来资本主义生产方式和消费方式与地球自然生态环境之间矛盾的一个必然结果，而这一历史过程的根源必须追溯到“人类通过科学技术征服自然来满足自己的需要”这一现代性规划，从而对生态问题的考察必须追溯到马克思对资本主义生产与消费体制的政治批判。因为从本质上说，生态问题的凸显是资本主义生产方式的必然产物，生态危机本身则是资本主义危机的最新历史形态。本书从马克思关于“资本主义危机”的经典理论出发，深入考察莱斯生态学马克思主义理论的概念基础和历史构境，揭示其对我国当代社会转型过程中富有启示性的哲学思想资源，期待以此为我国当前生态文明建设提供一定的理论支持。

从理论与现实的考察可知，晚期资本主义通过社会结构和生活意识的自我调整，虽然成功缓和了其结构性危机与内部社会冲突，但不能从根本上改变资本主义生产方式无限扩张的内在本性。我们看到，晚期资本主义试图通过向全社会的每个人提供他们所需要的源源不断的商品，来维持其经济繁荣和政治合法性，其结果是，马克思指出的资本主义因其内在矛盾而必然爆发的结构性危机，在当代不同历史条件下从生产领域转移到消费领域。具体表现为，面对有限的地球自然生态和自然资源，晚期资本主义社会的存在方式势必造成人与自然关系的紧张，从而走向更深刻的生态危机，这一生态危机作为资本主义危机的最新形式，昭示了资本主义生产方式的最后历史界限。

本书首先基于马克思主义立场，全面批判了控制自然观念作为现代社会意识形态的内在矛盾，进而探求一种对控制自然观念的新理解。生态问题直接关涉着人和自然的关系问题，对这一问题的理解首先反映在控制自然的观念中。人类控制自然的观念作为现代社会的意识形态正是生态问题最为深切的根源。尽管“掌控自然”不是资本主义的产物，但是该观念与资本主义相当契合。一方面，在资本主义的生产运动中，人与自然彻底对立，自然界完全沦为人类的有用物。另一方面，资产阶级以抽象平等的自然权力概念，将控制自然塑造成一项人类的集体事业，以此掩盖了资本主义制度的剥削本性。本书从对莱斯思想的研究出发，剖析了控制自然观念如何成为现代社会意识形态的历史演进，并从马克思阶级理论的批判视角揭示了控制自然与控制人之间不可分割的联系，阐释了生态学马克思主义的理论底色。作为控制自然的手段，科学技术的发展总要受制于阶级分化的内部冲突，不可能孤绝于阶级统治的目的。只有从马克思主义立场出发，才能够认识到资本主义生产—消费方式与地球生态系统之间固有的矛盾，也只有从根本上拒斥这种长久遗留的以技术控制自然的观念，才能为生态问题的解决找到一条切实可行的途径。

基于对控制自然观念的反思与批判，本书进一步通过对晚期资本主义社会架构下人类需要及其满足方式的系统研究，力图在新的背景下探寻一种可能的替代性架构。高强度市场架构作为晚期资本主义的基本特征，以高消费生活理想将人类需要的满足完全导向了商品领域，由此带来了一系列社会后果与自然后果。在高强度市场架构下，人们的需要被分解为细小部分，商品也被分解为特性的集合。在需要与商品的碎片化互动中，人类的需要与满足手段之间的关系愈发模糊。虽然流行的需要理论试图对人类需要问题进行说明，但因为脱离对具体社会形态的考察，只是将“需要”概念理解为一个抽象的主体性概念。面对有限的自然资源与人类欲望永无止境的现实悖论，只有充分考虑人类需要的主客体维度，将地球供养能力的极限问题与以欲望无法满足和经济无限增长理念为特征的社会实践纳入统一的考量之中，以“需要的消极理论”的思维原则，才能够全面审视提出某种新替代性架构的可能性。

此外，本书通过深度解读莱斯有关“易于生存社会”的基本构想，对这一构想中的自然观念进行了系统反思，来揭示对人与自然关系的一种全新理解。人类社会是地球生态系统的有机部分，势必要突破以人类为中心的思维模式，联系到人类以外的自然的需要来理解人类的需要问题，在尊重自然独立性的基础上充分考察人类满足的来源。将对人类需要的考虑联系到人类以外的自然，并不是构造一种新的神秘主义，而是力图建立一个兼收并容的框架，以此避免自然与社会主客二元对立的思维模式，以一种开明自利的思想原则重新思考人与自然的关系，不再仅将人类以外的自然视为满足人类需要的手段。开明自利的思想是一种看待人和自然关系的新的理性主义精神，从这一原则来看，对自然的尊重就是保护人类的长远福祉，这就要求肯定自然实体的法律权利，创建一套符合生态正义原则的法律政策，为合理解决人与环境的争议利益提供一个公平、正义的平台。

总之，在人类的自然观念中，从古代思想背景中“尊重自然”的感性之“爱”到现代科技“征服自然”的理性之“恨”，再到新的理性主义主导下的“尊重自然”的理性之“爱”，正是一个从肯定到否定，再到否定之否定的发展。这种联系具体社会形态对人类自然观念的反思，以及符合生态正义原则的未来社会的构想，体现着对以高强度市场架构为特征的资本主义生产运动的现实批判。

目　录

contents

第一章

马克思的危机理论与当代社会的生态危机

对资本主义危机的关注一直是马克思政治经济学批判的焦点问题之一，在马克思和恩格斯看来，经济危机是资本主义生产方式的必然产物。近几个世纪资本主义运动的历史表明，周期性经济危机的确不可避免，但资本主义并未因此崩溃，而是通过自我调整渡过了以往的危机阶段。自 20 世纪后半叶，一种未曾充分进入马克思批判视野的危机形式，即资本主义生态危机却持续爆发，进而构成人类新的忧患意识。正如本·阿格尔指出的，“历史的变化已使原本马克思主义关于只属于工业资本主义生产领域的危机理论失去效用。今天，危机的趋势已转移到消费领域，即生态危机取代了经济危机”[1]。因此，对生态危机的考察同样需要回到马克思的原初批判，生态危机从本质上说还是经济危机，它们都是由资本逻辑所主导的生产方式的直接后果，而马克思的危机理论内蕴着对资本主义生产方式内在矛盾的深刻揭露。从经济危机到生态危机，正是资本主义危机趋势结构性演变的结果。早期生态学马克思主义者端因于此，将生态问题的研究深入到对资本主义生产方式下过度生产与过度消费的批判之中，开创了马克思主义研究的新问题与新视域。

第一节　重思马克思的“资本主义危机”理论

恩格斯写于 1843 年的《国民经济学批判大纲》开创了马克思主义危机

[1] 本·阿格尔. 西方马克思主义概论［M］. 慎之，等译. 北京：中国人民大学出版社，1991：414.

理论研究的先河。在这一著作中，恩格斯不但描述了资本主义周期性经济危机及其引发的阶级对抗，还进一步将经济危机归因于，生产资料私有制与资本主义生产的无政府状态在竞争压力下的经常性生产过剩。恩格斯指出，只要“继续以目前这种无意识的、不假思索的、全凭偶然性摆布的方式来进行生产，那么商业危机就会继续存在”[1]。正是这一著作促使马克思开始了经济学研究，在《詹姆斯·穆勒〈政治经济学原理〉一书摘要》和《1844 年经济学哲学手稿》中，马克思以恩格斯对资产阶级经济学供求规律的批判为出发点，将对资本主义生产方式的批判深入到商品生产的社会形式本身。在马克思看来，资本主义生产方式把为社会需要的生产异化成为利润的生产，它的根本矛盾正是异化劳动的社会形式。在这一形式下，交换关系所联结的不再是生产者与消费者，而是私有劳动和社会劳动。“过去表现为个人对个人的统治的东西，现在则是物对个人、产品对生产者的普遍统治。”[2]在这种普遍统治中，经济危机的根源不囿于供求关系的永久性失衡，更关涉着资本主义生产的社会形式本身。

在《共产党宣言》中，马克思和恩格斯对资本主义经济危机的描述更为细致，他们指出：“在商业危机期间，总是不仅有很大一部分制成的产品被毁灭掉，而且有很大一部分已经造成的生产力被毁灭掉。”[3]资产阶级的生产关系已经不能容纳它本身所创造的财富了，生产过剩就像瘟疫一样在全社会蔓延，“资产阶级用来推翻封建制度的武器，现在却对准资产阶级自己了”[4]。1848 年发生在欧洲大陆上一系列的重大政治事件，使得马克思愈发深信，

---

[1] 马克思恩格斯文集：第 1 卷［M］. 北京：人民出版社，2009：75.
[2] 马克思恩格斯全集：第 42 卷［M］. 北京：人民出版社，1979：30.
[3] 马克思恩格斯文集：第 2 卷［M］. 北京：人民出版社，2009：37.
[4] 马克思恩格斯文集：第 2 卷［M］. 北京：人民出版社，2009：37.

革命是经济危机的结果。1849 年底，流亡伦敦的马克思开始重估欧洲的革命形势，随后与恩格斯在《新莱茵报》上写道："新的革命，只有在新的危机之后才可能发生。但新的革命正如新的危机一样肯定会来临。"[1] 在这一时期，对危机和革命关系的关注，再次促使马克思恢复了经济学研究。事实上，在马克思思想中，经济学研究是理论之科学性的必然要求，理论一旦缺乏了科学性，就可能沦为伦理性的意识形态。但是，科学性必须服从于政治性，因为"马克思首先是一个革命家"[2]，作为革命家去改造世界正是马克思及其学说的首要性任务。在马克思看来，资本主义危机趋势的蔓延造就了推翻自身的武器，而这个武器正是无产阶级革命所必需的。一方面，周期性的生产过剩表明了资本主义生产方式的客观界限，从而充分揭示了资本主义经济危机并非孤立的偶然现象，而是其根本矛盾的必然体现。另一方面，经济危机的周期性也使得工人组织愈发具有了广泛的阶级特征，成为无产阶级作为独立的政治力量登上历史舞台的决定性因素。因此，经济危机作为资本主义生产方式的客观界限，并不意味着资本主义的灭亡就是不可避免的，而只有无产阶级掌握了这一武器，才能够推翻资产阶级的统治。

随着对危机与革命关系理解的深入，马克思更为深刻地认识到，经济学研究对于理论之科学性的重要意义。自此，马克思逐渐开始了对经济问题的系统性研究，这些研究首先反映在《伦敦笔记》与政治经济学批判的三大手稿[3] 中，并最终汇集于《资本论》。在这些著作中，对资本主义经济危机的关注，通常在不同程度上构成了马克思对资本主义批判的理论底色，这取

---

❶ 马克思恩格斯文集：第 2 卷［M］. 北京：人民出版社，2009：176.
❷ 马克思恩格斯文集：第 3 卷［M］. 北京：人民出版社，2009：602.
❸ 《1857—1858 年经济学手稿》《1861—1863 年经济学手稿》和《1863—1865 年经济学手稿》。

决于资本主义生产方式的内在矛盾。《伦敦笔记》是马克思研究政治经济学与经济史等问题的 24 本摘录，写于 1850—1853 年。在相关文献中，马克思将对资本主义的批判深入到货币、信用、生产与流通等领域，通过再生产理论及以此为基础的危机理论的阐释，使得资本主义生产关系这一历史性的社会关系形式的本质内涵得以清晰呈现。马克思认为："资产阶级的财富和资产阶级全部生产的目的是交换价值，而不是满足需要。"[1] 在马克思看来，以追求交换价值为目的的资本主义物质生产过程是物质形式与社会形式的统一，不但表现为物质生存资料的生产与再生产，也表现为生产这些物质生存资料的生产关系的生产与再生产。如果像资产阶级经济学家那样，将资本主义生产过程当作一般生产过程，就只能从物质形式的角度来看待资本主义的货币危机与信用危机，而不理解这些危机只是经常性生产过剩危机的一种浅显表现，也就以此遮蔽了资本与劳动的对立，即资本家与工人之间固有的矛盾。因为生产力和商品生产的实际增长作为物质生存资料的生产与再生产，并不是资本主义生产的目的，后者的目的在于价值的增长，但是，价值的增长并不能够直接实现自身，而是要在自身的运动之中扬弃自己，转变为产品的增长，才有可能去实现资本主义生产的目的。由此，马克思指出："这种价值增长所产生的矛盾，是一切危机等等的基础。资产阶级的生产就是经常在这样的矛盾中打转的。"[2]

在政治经济学批判的三大手稿中，马克思都谈到了危机问题，不但对确定危机过程的原因作出了各种尝试，还对资本主义经济危机的可能性与现实性进行了相应阐释。关于危机的成因，马克思继续驳斥了李嘉图等人否定普

---

[1] 马克思恩格斯全集：第 44 卷［M］. 北京：人民出版社，1982：109-110.
[2] 马克思恩格斯全集：第 44 卷［M］. 北京：人民出版社，1982：110.

遍性生产过剩的主张。在马克思看来，资本逻辑必然要求资本主义的生产趋向于无限，但社会需要的消费可能性却要受制于现实的生产关系，就普遍性生产过剩而言，并不是单纯地对消费来说过多，而是“对保持消费和价值增殖之间的正确比例来说过多；对价值增殖来说过多”[1]。关于经济危机的可能性与现实性，马克思认为，在资本主义经济活动中，“危机的一般可能性就是资本的形式上的形态变化本身，就是买和卖在时间上和空间上的彼此分离”[2]。马克思指出，买和卖的分离已经从形式上蕴含着经济危机的可能性，而资本主义生产的现实运动、竞争和信用等具体因素所导致的资本积累条件的破坏则构成了危机趋势的现实性条件。因此，经常性生产过剩正是资本主义内在矛盾最具戏剧性的表现，而经济危机却并非孤立的偶然性事件。基于以上阐释，马克思对经济危机的成因做了多方面探索，这些探索散见于政治经济学批判的三大手稿的注释与插入部分。在相关阐述中，马克思从生产过剩、消费不足、比例失调和利润率下降等角度具体分析了经济危机的成因，揭示出资本主义经济危机不但具有必然性，而且是诸多因素相互交织、综合作用的结果。当然，这些因素并不是并列与平行的，也不是单一与具体的，马克思力图将对危机成因的分析保持在高度抽象的水平上，至于危机的具体发生机制需要考虑到资本主义生产的现实运动，因为单个的具体危机可以由不同的原因引起。

在《资本论》中，经过二十多年理论的演进与发展，马克思实现了以历史唯物主义原则对资本主义政治经济及其政治经济学的彻底批判。这一批判通过对资本主义生产方式现实运动的全面剖析，清晰呈现出资本主义拜物教

---

[1] 马克思恩格斯全集：第 30 卷 [M]. 北京：人民出版社，1995：433.
[2] 马克思恩格斯全集：第 34 卷 [M]. 北京：人民出版社，2008：584.

的社会异化形式，体现了社会历史逻辑与资本批判维度的高度统一。在相关论述中，马克思将对资本主义危机趋势的判断与剩余价值理论充分结合，发展了对资本主义积累长期趋势的分析，从价值和使用价值之间固有矛盾的角度，进一步揭示了资本主义经济危机的可能性与必然性。自此，马克思完成了对政治纲领与革命要求的系统性科学论证，基于政治性与科学性相统一的辩证法原则，马克思不再如早期著作侧重于将政治活动与革命希望寄托于灾难性的经济危机，而是对阶级斗争的长期性及工人阶级有组织的政治化问题，与资本主义生产积累的长期趋势做了统一的考察。正如卢卡奇所言："马克思主义问题中的正统仅仅是指方法。"[1] 事实上，马克思本人从来都是按照事物本身的逻辑来理解事物的，在对资本主义政治经济及其政治经济学的揭示与批判中，展现的是一种认识世界、理解世界的主客体运动的辩证思维方式，这是历史唯物主义的根本特征。马克思正是从这一历史唯物主义的本意出发，在对资本主义制度及其生产方式的彻底批判中，不断探索向社会主义过渡的各种可能性，以此谋求人类的自由和解放。

基于以上分析，我们认为，对马克思"资本主义危机"理论的理解，从来都不应该当作一个教条式的结论或者纯然客观的科学理论，而是要坚持马克思的方法论原则，把对危机趋势的考察放置在历史唯物主义主客体维度的辩证运动中，去寻求资本主义危机现象发展变化的结构动态。正如不同形态的经济危机在特殊历史条件下可以由不同的原因诱发，资本主义危机的具体形态也并不是一成不变的。从早期市场资本主义阶段的生产过剩危机、货币危机、信用危机，到晚期垄断资本主义阶段的金融危机、财政危机、合法性

---

[1] 卢卡奇. 历史与阶级意识——关于马克思主义辩证法的研究［M］. 杜章智，等译. 北京：商务印书馆，1996：48.

危机，以及现时代最为迫切的生态危机，它们都是资本主义内在矛盾在现实历史条件下的具体体现。那么，基于历史唯物主义原则对资本主义危机趋势的理解，也要随着资本主义生产运动的发展变化不断修正。我们知道，对世界的认识是改变世界的前提，通过对资本主义危机趋势及其结构演变的认识，加深的是对资本主义生产方式内在矛盾及其客观界限的了解，这是理论之科学性的必然要求。然而，在马克思主义的理论背景下，认识世界正是为了改变世界，科学性必然要服从于政治性，通过对资本主义社会形式及其危机趋势的考察，向来只是为了在资本主义内部发现推翻其自身的武器，而运用这一武器的只能是无产阶级自身。

第二节　马克思“资本主义危机”理论的发展及其困境

马克思和恩格斯逝世后，随着修正主义论战的开启，有关资本主义危机趋势的争论一度成为核心话题。卡尔·考茨基作为第二国际时期马克思主义的理论权威，继承并发展了恩格斯的生产过剩理论，以此探讨资本主义的长期发展趋势与阶级斗争及革命运动的问题。恩格斯的生产过剩理论植根于资本主义生产的无限扩张本性，代表着马克思“资本主义危机”理论的基本观点。在恩格斯看来，资本主义市场无政府状态下的竞争压力，迫使资本家罔顾市场界限发展生产力，从而造成了生产过剩，进而引发周期性的商业危机。考茨基将恩格斯的生产过剩理论改造为资本主义发展的长期趋势理论，使得危机理论关注的重点从周期性商业危机转变为长期性生产过剩趋势。考茨基认为，资本主义长期性生产过剩趋势的直接后果，并不是周期性商业危机下激烈的阶级冲突，而是资本主义社会最终的大崩溃、大毁灭及由此触发的社会主义革命。考茨基力图阐释马克思主义的科学性特征，赋予马克思主义理论一种似自然科学的合理性。他的这一理论原则被称为“经济决定论”。正如考茨基在《爱尔福特纲领解说》中所指出的，“我们认为现代社会的崩溃是不可避免的，因为我们知道：经济的发展，以自然过程的必然性创造着促使被剥削者为反对这种私有制而进行斗争的条件”[1]。从这种经济决定论出发，考茨基带来了资本主义终极崩溃的必然性断言，这就割裂了马克思“资本主义危机”理论蕴含的政治性与科学性相统一的主客体辩证法原则，使得等待资本主义的最终崩溃，成为政治上采取消极态度的理由，也就让阶级斗争和有组织的革命运动失去了意义。

考茨基的“经济决定论”受到了爱德华·伯恩施坦的尖锐批判。伯恩施坦指出，资本主义市场的扩大和生产社会化程度的加深，早已有效抵消了生产过剩的长期趋势及其可能的商业危机。一方面，资本主义市场的新变化，诸如帝国主义对国外市场的开辟，以及中产阶级、工人贵族的崛起对国内市场的扩张，极大地降低了普遍性生产过剩的危险。另一方面，虽然危机趋势的确是资本主义生产方式本身所固有的，但股份公司与卡特尔的兴起及资本主义信用体系的发展，也极大地缓解了市场无政府状态下的危机风险。基于以上判断，伯恩施坦提出一种进化论的社会主义观，他反复主张，既然对资本主义大崩溃的期待是错误的，那么完全可以通过诸如议会、选举等民主形式推进社会改良，创造一种符合资本主义变化的社会民主主义。面对伯恩施坦的修正主义路线，第二国际另一位重要的理论家罗莎·卢森堡作出了有力

---

[1] 卡尔·考茨基．爱尔福特纲领解说［M］．陈冬野，译．北京：生活·读书·新知三联书店，1963：84.

回击。在1898年德国社会民主党代表大会上，卢森堡郑重指出：资本主义社会已经“陷入了无法解决的矛盾，这种矛盾最后必然要引起爆炸，引起崩溃，在这个崩溃中，我们将担任对破产了的社会进行清算的法律顾问的角色”[1]。针对伯恩施坦的经验性实例，卢森堡着重强调，信用体系的发展并不能克服资本主义社会形式的内在矛盾，而是以不断复制矛盾的方式，加快着资本主义制度崩溃的速度；卡特尔等组织的形成，虽然表面上带来了规模化的有组织生产，但它的目的是追求更大的经济利益，也就限制了普遍化发展。卢森堡认为，这些因素最终都将加剧资本主义世界的无政府状态，使得它的崩溃成为不可避免。

在批判修正主义的基础上，卢森堡明确提出了以“消费不足”为特征的马克思主义危机理论。消费不足论立足于马克思的社会资本再生产理论，从剩余价值实现上的困难来论证资本主义危机的现实成因。在卢森堡看来，随着生产过剩趋势的蔓延，有待实现剩余价值的商品将不断堆积，这势必与有限的社会消费能力发生矛盾。为了让资本主义的积累有效持续，就必须寻求资本主义体系之外的需求，尤其是来自前资本主义生产方式的需求。这就是帝国主义对国外市场的开辟，卢森堡由此提出了“第三市场”理论。但是，对外贸易也只能暂时转嫁矛盾来缓解可能的危机，这一方式本身就是自相矛盾的，因为“资本没有非资本主义形态的帮助，不可能进行积累，但同时它也不能容忍非资本主义形态与它自己并存下去”[2]。随着帝国主义的扩张，来自前资本主义生产方式的需求，也将不可避免地枯竭。卢森堡指出，资本主

---

[1] 罗莎·卢森堡. 卢森堡文选（上）[M]. 北京：人民出版社，1984：42.

[2] 罗莎·卢森堡. 资本积累论[M]. 彭尘舜，吴纪先，译. 北京：生活·读书·新知三联书店，1959：333.

义的危机趋势必然伴随着生产过剩趋势的扩张而蔓延，终极危机必定要来。由此，卢森堡坚定持有一种资本主义大崩溃的革命观。卢森堡认为，社会主义革命的出发点必然是一次普遍的、毁灭性的危机，但是，资本主义崩溃的不可避免，只能说明革命的不可避免，社会主义革命并不会自动发生。卢森堡明确号召马克思主义者利用可能的危机事件，引导无产阶级从根本上改造资本主义的社会结构。

卢森堡的消费不足论在马克思主义危机理论中具有广泛的影响。这一理论坚持革命与危机相统一的辩证法原则，从这一原则出发，马克思主义既是科学上关于资本主义社会形式内在矛盾的结构理论，又是政治上无产阶级进行阶级斗争，以谋求人类自由和解放的革命理论。这是卢森堡相较于同时代的考茨基、伯恩施坦等人的深刻之处。但是，卢森堡的消费不足论力图从单一因素解释危机趋势的必然性，在对马克思的再生产理论、资本主义积累的动力机制等问题的阐释上，未能有效贯彻从抽象上升到具体的方法论原则，常将抽象概念与具体问题混而论之，不仅凸显了理论自身的局限，也有颇多矛盾之处。尤其在对“第三市场”的阐述中，消费不足论甚至割裂了剩余价值与阶级剥削的联系，陷入资产阶级经济学的解释框架，模糊了马克思主义的政治性原则。

以消费不足论为特征的马克思主义危机理论，受到了鲁道夫·希法亭的尖锐批判。希法亭从“比例失调”的角度展开了论证。希法亭认为，所谓“消费不足”只是不同生产部门之间发展比例失调的特殊表现，这一现象“在经济学中只能说社会所消费的少于它所生产的。如果生产完全以正常的比例进行，那我们便想象不出消费不足怎样才能发生”[1]。希法亭进而从资

---

[1] 鲁道夫·希法亭．金融资本［M］．福民，等译．北京：商务印书馆，1994：270.

本主义生产内部的竞争和投资周期等方面，系统阐述了资本主义生产运动在稳定与危机之间的变化和联系，并且将危机从资本主义生产的内部结构中分离出来，只是看作投资周期所固有的特性。相较于消费不足论，希法亭的比例失调论具有更为完备的理论特征，同时也是在马克思主义经济学框架下展开的，但是，在对劳资矛盾的忽略上却比卢森堡走得更远。如此，比例失调论也就将作为政治理论的马克思主义危机理论下降为一种社会理论，甚至沦为资产阶级经济学的附庸。卢森堡和希法亭之后，面对资本主义世界的新变化，仍有不少学者试图从单一因素出发，建构马克思主义危机理论，其中较有影响的是“利润率下降论”。利润率下降论者也旗帜鲜明地反对消费不足论，认为后者过于重视分配、交换等领域，忽略了资本主义生产的社会条件，主张通过变革社会生产关系来缓解当时的经济危机。但是，不论他们将利润率下降归因于资本有机构成还是工资的提高，都无法证明利润率下降必然引发的是经济危机，而不是资本积累的放慢。20 世纪 70 年代以后，仍然活跃着一些侧重于其他成因或者意识形态要求的马克思主义危机理论，亦未能有效突破先前的解释框架。

正如马亭·科宁斯所言：“上述每一种理论都强调了资本主义经济发展的某些重要方面，但是，每一种理论所强调的成因，却不足以支撑作为危机理论所需要的解释力。”[1] 因为资本主义的生产与再生产过程，本来是生产、分配和交换等过程之间互为联系的整体，基于具体原因或单一因素的解释，必然割裂整体的有机统一。如此也就不难理解，诸多试图建构马克思主义危机理论的努力，虽然能够从马克思本人的著作中找见依据，但无法有效推进

---

[1] 马亭·科宁斯. 危机理论：克拉克与马克思［J］. 杨健生，译. 马克思主义与现实，2009（4）：23.

理论自身的发展，以至于让马克思有无"危机理论"，也成为一个颇具争议的话题。正如西蒙·克拉克指出的，"马克思主义危机理论之所以陷入困境，主要就是因为它试图将自己建立在资产阶级的理论基础上，尤其是建立在一般均衡的理论基础上，忽略了马克思理论的批判维度"[1]。事实上，在马克思的原初语境中，对资本主义危机问题的考察，更在于方法论原则的坚持，而非实质性的教条式结论或者纯然客观的科学理论。对资本主义危机问题的研究，是马克思主义理论之科学性的必然要求，但政治性原则才是马克思主义的根本特征。

如今，历经几个世纪的发展，资本主义已经成为全球性的经济制度。从生产力与物质财富的角度而言，资本主义无疑开启了人类文明的新纪元。尤其在第二次世界大战后，资本主义进入了晚期垄断资本主义阶段，由政府、大企业和劳工组织之间结成的联盟，成为资本主义生产有效的组织模式，不但通过国家调控缓解了生产方式的内在矛盾、削弱了结构性危机的影响，而且通过消费主义意识形态的传播，使得工人阶级沦为消费大众，极大地缓和了可能的阶级冲突，这就使得马克思对资本主义危机趋势的判断遭遇到巨大挑战。历史似乎正在佐证着资产阶级经济学家关于资本主义制度能够调节可能的危机的理论前提，资本主义世界依旧在蓬勃发展，资本主义生产依旧在不断扩张，大有要满足人类一切需要的态势。或许，仍然可以期待资本主义在一次巨大的危机中轰然倒塌，但是，在这之前，地球的生态系统已经拉响了警报。马克思对资本主义危机趋势的原初判断植根于经济问题，但马克思关于资本主义危机的理论决然不是一个经济学理论。在对生态危机的考察

[1] 西蒙·克拉克. 经济危机理论：马克思的视角［M］. 杨健生，译. 北京：北京师范大学出版社，2011：11.

中，马克思“资本主义危机”理论内蕴的方法论原则仍然具有重要的理论意义。

第三节 生态危机作为资本主义危机的最新形态

20世纪后半叶，随着资本主义全球化的深入，一种新的危机形式开始蔓延，这就是生态危机。生态危机是致命的，越来越多的人开始相信：“资本主义即使不被其社会和经济矛盾所拖垮，也会被环境的毁灭所拖垮，甚至人类本身也可能随之毁灭。”[1]虽然晚期垄断资本主义通过国家调控降低了结构性危机的风险，也通过创造丰裕的物质财富缓和了阶级矛盾，但是，资本主义的这些新变化，却是依靠过度生产与过度消费的生产—生活方式，以资源的过度消耗与环境的过度破坏为代价的。在这一发展模式下，资产阶级温情脉脉的意识形态外衣，软化了原本尖锐的阶级对立和社会关系，却造成了人与自然关系的空前紧张。今天，在任何工业文明较为发达的区域，有关生态危机现象的描述随处可见，有关生态危机根源的探寻比比皆是。面对当代资本主义生产所主导的工业文明新形态，也有学者呼吁：“我们将明白，现代工业文明所创造的炫目成就掩饰不了它所导致的深重危机，我们将不得不承认，现代工业文明是不可持续的，而走向生态文明才是人类文明的唯一出路。”[2]

---

❶ 西蒙·克拉克．经济危机理论：马克思的视角［M］．杨健生，译．北京：北京师范大学出版社，2011：77.

❷ 卢风．关于生态文明与生态哲学的思考［J］．内蒙古社会科学，2014（3）：1.

20世纪60年代以后，美国海洋生物学家蕾切尔·卡森发表了《寂静的春天》，罗马俱乐部发布了《增长的极限》，如此等等，有关环境、资源与生态方面的著作相继出版，进而引发了对环境、生态问题的普遍关注。自此，各种生态保护运动应运而生，并且逐渐演变成一股重要的政治力量，渗透到资本主义社会的各个领域。与此同时，诸多生态主义理论相继诞生，并与生态保护运动合流，形成了颇具影响的生态主义社会思潮。生态主义社会思潮试图重新规划人类社会的存在方式，把自然与社会生态平衡的“绿色社会”作为理想目标，以此来批判资本主义工业文明。但是，他们只看到了现代化工业大生产所引发的人与自然关系的紧张，并没有深入到对这一现象背后社会根源的认识。因此，在批判现代工业文明时，他们却又常将自然与社会看作一个伦理实体，试图通过非理性的情感与直觉体验，变革人们的思维观念与生活方式，希冀以此化解日益严重的生态危机。正如莱斯指出的，类似观点只是“诗意的神秘主义或东方宗教的方式”[1]。历史也充分证明，近几十年来，尽管生态主义社会思潮在西方世界风起云涌，却未能有效阻止生态危机的进一步蔓延。

生态问题同样受到马克思主义思想家的关注。在《启蒙辩证法》等著作中，马克斯·霍克海默和西奥多·阿道尔诺就已将科学与自然、人类的关系及生态问题，当作一个重要的理论主题。他们指出：“在社会统治机制看来，自然就是与社会相互对抗的力量，因而其本身也就失去了自然的属性。那些展现绿树、蓝天、浮云的画面，都已经将自然的这些方面变成了一行行秘

[1] 威廉·莱斯. 自然的控制［M］. 岳长龄，李建华，译. 重庆：重庆出版社，2007：3.

文，用来隐秘地展示工厂的烟囱和汽车加油站。”[1]20世纪60—70年代，作为法兰克福学派另一位著名代表人物，赫伯特·马尔库塞在对马克思《1844年经济学哲学手稿》的解读中，明确将自然视为人类解放的一个领域，呼吁展开一场自然观与人类本能结构的双重革命，通过解放自然的方式来实现人的自我本质，以便克服现代资本主义社会的种种异化。20世纪70年代以后，生态学马克思主义登上了历史舞台，加拿大学者本·阿格尔出版《西方马克思主义概论》一书，该书被广泛誉为生态学马克思主义的奠基之作。

在《西方马克思主义概论》一书中，阿格尔对马克思的唯物辩证法思想进行了深入阐释。他认为，历史的进步与变革取决于社会结构动力与人的意志之间的相互作用，马克思的唯物辩证法正是二者的统一。因此，阿格尔首先阐明了马克思辩证法的非决定论特征，这就是从结构要素和意志要素的相互性中，理解社会历史的变革问题。阿格尔认为，马克思的辩证法由三部分构成：关于异化的理论，关于资本主义内在矛盾的理论，以及关于资本主义危机趋势与向社会主义过渡的理论。其中，异化理论是对人类历史发展中主观因素的哲学思考，内在矛盾理论是对人类历史发展中客观因素的逻辑展开，危机理论则是经验性的，关涉着主观认识客观，以及向社会主义过渡的历史条件和可能性。阿格尔明确指出，马克思辩证法的非决定论特征即内蕴着经验性特征，马克思的辩证法“只有在把异化理论、内在矛盾理论和危机模式结合起来的时候才是完整的”[2]。阿格尔认为，只要资本主义的异化存在，那么异化理论和内在矛盾理论就是不朽的，而“危机模式却不断变化，

---

[1] 马克斯·霍克海默，西奥多·阿道尔诺．启蒙辩证法［M］．渠敬东，曹卫东，译．上海：上海人民出版社，2006：133.

[2] 本·阿格尔．西方马克思主义概论［M］．慎之，等译．北京：中国人民大学出版社，1991：12.

需要对马克思概述的危机理论根据现代情况进行修正”[1]。这是因为，虽然资本主义通过自身结构和生活意识的调整，软化了结构性危机与阶级冲突，却不能改变资本主义“无限制地增加生产”的实质本性。面对有限的自然资源，资本主义试图提供无限商品得以维持的冲动，势必造成人与自然关系的紧张，生态危机由此触发。

从理论的回溯来看，阿格尔对资本主义“危机模式”的分析，正基于马克思“资本主义危机”理论对于资本主义危机趋势的判断。在阿格尔看来，“马克思的危机理论并没有预见资本主义的灭亡，而只是指出可能有助于形成危机和转变的方式”[2]。既然资本主义的内在矛盾一直存在，那么它的结构性危机就不可能消失，只是在新的历史条件下有了新的经验换式，从生产领域转移到消费领域，生态危机也就取代经济危机，构成了当代社会新的忧患意识。阿格尔认为，在生态危机的经验换式下，对马克思主义危机理论的考察，“既强调资本主义的内在结构矛盾，又强调发达资本主义加深异化、分裂人的存在、污染环境以及掠夺自然资源的趋势”[3]。因此，必须充分关注生产、消费、人的需求、商品和环境之间的关系。作为资本主义危机的新形式，生态危机揭示了资本主义生产的最后界限，这就促使马克思主义危机理论走向了生态学马克思主义。于是，在《西方马克思主义概论》相关章节，阿格尔着重介绍了莱斯的生态学马克思主义思想。在阿格尔看来，莱斯对生

[1] 本·阿格尔．西方马克思主义概论［M］．慎之，等译．北京：中国人民大学出版社，1991：98.

[2] 本·阿格尔．西方马克思主义概论［M］．慎之，等译．北京：中国人民大学出版社，1991：109.

[3] 本·阿格尔．西方马克思主义概论［M］．慎之，等译．北京：中国人民大学出版社，1991：414.

态学马克思主义作出了最清楚、最系统的表达。

莱斯于1972年出版了《自然的控制》，1976年又出版了《满足的限度》，这两本书是他研究生态学马克思主义的代表著作。作为马尔库塞的学生，莱斯从法兰克福学派对科学技术意识形态的批判出发，通过多重维度的探索，构建了一个颇具完整结构的生态学马克思主义理论体系。首先，在人与自然关系层面，莱斯通过对“控制自然”（the domination of nature）观念如何成为资本主义意识形态的考察，分析了资本主义制度下技术运用的后果，着重批判了资产阶级“对自然的技术控制通过操纵需求转化为对人的控制”[1]，以此掩盖了资本主义制度的剥削本性。其次，在个人层面，莱斯通过对需要、商品和满足之间关系的阐述，揭示了消费主义意识形态对人自身、人类社会和自然环境所造成的危害，构建了一个生态学马克思主义的需要理论。最后，在社会层面，莱斯提出了走向人类需要的替代性架构，并以“易于生存社会”的构想，初步尝试了生态社会主义的理论建构，为生态学马克思主义的现实化发展开辟了道路。

正如恩格斯所言，“资本主义生产是不能停下来的：它必须继续增长和扩大，否则必定死亡……这正是资本主义生产易受伤害的地方，它的阿基里斯之踵”[2]。马克思和恩格斯通过对资本主义内在矛盾的分析，集中探讨的是资本逻辑支配下资本主义生产的客观界限，揭示了资本主义危机趋势的必然性。在新的历史条件下，资本主义试图化解经济危机的努力，是通过消费活动的无限扩张转移生产领域的矛盾来实现的，却又因为对自然资源的过度开发、自然环境的过度破坏，触碰到了自然的界限。通过马克思关于资本主义

[1] 威廉·莱斯．自然的控制［M］．岳长龄，李建华，译．重庆：重庆出版社，2007：141.
[2] 马克思恩格斯全集：第21卷［M］．北京：人民出版社，1979：230.

危机趋势的论述，能够更为深刻地了解，生态危机与经济危机同样植根于资本主义生产无限扩张的本性。因此，对生态问题的探讨，必然要立足于马克思对资本主义内在矛盾的批判。正如美国生态学马克思主义的重要代表人物詹姆斯·奥康纳指出的，“在生态危机的问题上，马克思主义谱系中的理论要比自由主义以及其他类型的主流经济思想更有发言的机会”[1]。事实上，诸多关涉生态问题的社会思潮，全都无从回避马克思“资本主义批判理论”所建立的思想前提。正如生态危机植根于资本主义的本性之中，生态文明正是社会主义制度的内在要求。在建设美丽中国的时代背景下，对相关问题的研究，有助于我国生态文明的理论建设。

[1] 詹姆斯·奥康纳. 自然的理由——生态学马克思主义研究［M］. 唐正东，臧佩洪，译. 南京：南京大学出版社，2003：298.

第二章

反思作为意识形态的“控制自然”观念

1972年，莱斯出版了《自然的控制》一书，作为马尔库塞的学生，莱斯从法兰克福学派对科学技术意识形态的批判出发，通过对“控制自然”观念如何成为资本主义意识形态的考察，分析了资本主义制度下技术运用的后果，着重批判了资产阶级通过控制物而控制人的阶级本性。在莱斯看来，生态问题不是一个经济代价问题，也不能简单归因于控制自然的观念，而是直接联系着资本主义制度下的技术运用，生态危机与资本主义有着本质联系。在对“控制观念”的深入剖析中，莱斯进而指出，“在由‘征服’自然的观念培养起来的虚妄的希望中隐藏着现时代最致命的历史动力之一：控制自然和控制人之间的不可分割的联系”[1]。在莱斯看来，“征服自然”原本是现代社会资产阶级的历史事业，他们却通过权力平等与个人自由的意识形态宣导，“遮蔽着少数人决定统治多数人生活的现实”[2]，将其描述为一项人类的社会事业，“对自然的技术控制通过操纵需求转化为对人的控制”[3]，也就以此掩盖了资本主义制度的剥削本性。莱斯充分阐释了马克思关于人与自然及人与人之间关系的论述，并坚决主张：只有坚持马克思的思想，抛弃资产阶级意识形态、变革资本主义制度，实现人与自然关系的解放，才能从根本上化解生态危机。

❶ 威廉·莱斯. 自然的控制［M］. 岳长龄，李建华，译. 重庆：重庆出版社，2007：序言6.
❷ 威廉·莱斯. 自然的控制［M］. 岳长龄，李建华，译. 重庆：重庆出版社，2007：148.
❸ 威廉·莱斯. 自然的控制［M］. 岳长龄，李建华，译. 重庆：重庆出版社，2007：141.

第一节　自然概念的辩证法

在我们的时代，生态与环境问题已经吸引了全世界最为广泛的目光，生态危机的警示几乎充斥着所有工业文明较为发达的区域。这一现象凸显了人和自然关系的紧张。人和自然的关系首先反映在人们对于自然的观念之中。莱斯较早介入了对“自然”观念的研究，在《自然的控制》一书中，莱斯深刻地指出，环境问题最为深切的根源就是人类控制自然的观念。莱斯从历史学角度考察了控制自然的观念在人类精神史与生产史中的演进，进而对科学、技术与自然的关系进行了多重反思。莱斯的研究旨在通过对“自然”观念的历史考察，联系到社会制度与意识形态等维度，来探求当代社会生态危机的真正根源。

一、控制自然作为现代意识形态

在《自然的控制》序言中，为了探寻生态问题的根源，莱斯首先批判了两种观点：其一，将生态与环境问题看作一个经济代价问题，把环境质量视为可以通过合适价格购得的商品，以为随着科学技术的进步，不用改变当下的生活方式就能够找到一套摆脱环境困境的出路，在现存的经济核算范围内解决生态问题。其二，将科学技术视为可诅咒的偶像，以为正是对这些假神的崇拜造成了环境灾害，作为一种感情的发泄，他们有时提倡诗意的神秘主义或东方宗教的方式。莱斯指出，第一种观点以现存制度框架的合理性为前提，内蕴着市场取向标准的普遍性和对工业技术革新能力的崇高信仰，结果就是把自然仅仅看作满足人的需要的纯粹对象，不但无法触及环境问题的真正根源，反而遮蔽了对问题的进一步探寻。第二种观点则错把征兆当作根源，以至于将科学技术的不合理应用归罪于科学技术本身，从而笼统地否定现代工业文明的历史成就。但是，科学技术既不是偶然的也不是神秘的，它的稳定发展关乎人类利益的增长，在社会进程中占据着重要的地位。

表面地看，上述两种观点貌似从不同原则出发，实际上同样基于西方传统思想中人与自然主客二分的思维模式。第一种观点是典型的人类中心主义，在这一思想框架下，自然界是人类感性直观的对象，在现代工业文明的大潮中彻底沦为人类社会的有用物，“作为满足人的不可满足的欲望的材料来加以理解和占用”[1]。第二种观点带有明显的自然主义倾向，往往沉陷于“自然为本”的本质主义窠臼，将自然界从人类的物质生产活动中分离出来，甚至将其看作“某种开天辟地以来就直接存在的、始终如一的东西”[2]。然而，从马克思思想的基本立场出发，只有“在人类历史中即在人类社会的形成过程中生成的自然界”才是人的现实的自然界[3]。莱斯敏锐地看到了问题的所在，他深刻地指出，环境与生态问题的真正根源并不在科学技术本身，而是隐藏在控制自然作为现代社会意识形态的观念之中，这就是所谓科学的“意识形态”。这种意识形态是科学家与普通大众的共同理解，涉及科学与现代工业、科学及自身价值和科学作为认知手段三方面含义。其中，最为重要的是现代科学作为工业技术的含义，它已成为现代工业制度的有机部分，并反过来促进了现代科学有组织的研究。与此同时，这一含义不但促使了科学自

---

[1] 威廉·莱斯. 自然的控制［M］. 岳长龄，李建华，译. 重庆：重庆出版社，2007：序言 7.
[2] 马克思恩格斯文集：第 1 卷［M］. 北京：人民出版社，2009：528.
[3] 马克思恩格斯全集：第 3 卷［M］. 北京：人民出版社，2002：307.

身的工业化，也使得科学技术的发展完全融入社会进程之中，成为人类控制自然这一宏大谋划的有力工具。在这一谋划中，人们将科学技术作为手段，将控制自然作为一项集体的社会事业，试图通过占有自然的方式来满足自身的需要，从而造成了人与自然关系的紧张。

基于以上考察，莱斯进而剖析了控制自然观念的社会内涵。莱斯指出，人类控制自然的观念以自然和社会的分离为前提，这种分离原本像人类社会一样古老，只是在现代西方社会中才提升为一种意识形态，开始自觉指导人们的全部行为。在这里，“社会是唯一有意义的和发展的领域，而自然只不过是社会的支撑结构”❶，并不会被认为能够左右社会进程的变化。但是，这种观点又是自相矛盾的，因为它一方面把自然与社会当作分离的对象看待，另一方面又将科学技术的进步等同于社会自身的进步。在莱斯看来，这一矛盾隐藏着更为复杂的社会问题。莱斯指出，现代科学及其技术应用早已渗透到社会进程的各个领域，人的活动已经是构成自然进化过程的基本要素。如果一味沉陷在自然与社会分离的幻觉中，那么控制自然必然会被当作一项非凡的社会事业，承载着人类集体的希望和感情，促使一切社会机构联合起来去实现征服自然的伟业。但是，莱斯认为，意识形态总是用来遮蔽矛盾的，“在由‘征服’自然的观念培养起来的虚妄的希望中隐藏着现时代最致命的历史动力之一：控制自然和控制人之间的不可分割的联系”❷。这正是隐藏在现代社会意识形态中控制自然观念的矛盾所在。

为了揭示控制自然观念的内在矛盾，莱斯将理论的研究进一步延伸到更

---

❶ 威廉·莱斯. 自然的控制［M］. 岳长龄，李建华，译. 重庆：重庆出版社，2007：序言 5.

❷ 威廉·莱斯. 自然的控制［M］. 岳长龄，李建华，译. 重庆：重庆出版社，2007：序言 6.

为广阔的思想背景。在莱斯看来，控制自然观念作为一种意识形态，与社会契约观念作为一种社会理论在资本主义社会关系的确立中同时兴起。社会契约观念基于“人的自然权力”学说，强调人类成员之间的根本平等，将独立、自由的个人视为经济、政治及社会领域中平等的主体。但是，这种抽象的平等观却以形式平等的原则掩盖了社会成员之间现实的不平等，即个人在资本主义经济领域中经济权力的实质不平等。莱斯指出，控制自然的观念隐含着同样的主张，即对于自然而言，“人类成员之间有平等分配的权力，这种权力的性质与在社会中明显起作用的权力是不同的”[1]。但这完全是一种虚幻的假定，因为在人类全部的历史进程中，“自然权力”与“社会权力”从来都是紧密关联且内在统一的。尤其在以资本主义经济制度为主导的现代社会，大多数社会成员只能被迫把自己的自由与个人独立性限制在劳动过程之中，作为参与资本主义生产的劳动者，他们除了可供出卖的劳动力，自由得一无所有，而整个社会却日益表现为一个以经济权力为主体的统一的控制系统。在这种社会架构下，控制自然貌似是一项人类集体的事业，但无法支配经济权力的个人，即使给予自然权力平等的承诺，在这项伟业的实现中，同样不可避免地深陷在经济权力的控制中。然而，控制自然的观念作为现代社会的意识形态，正是以这种抽象的个人自然权力平等的观念，有意无意地遮蔽了现代社会通过控制自然而控制人的真正意图，即资本主义制度下经济权力对人，尤其是对作为劳动主体的无产者的控制。

莱斯进一步指出，正如控制自然的进程体现着双重控制，这一进程也带来了双重后果，这就是对全部生命有机体赖以生存的自然生态圈的破坏，以

---

[1] 威廉·莱斯．自然的控制［M］．岳长龄，李建华，译．重庆：重庆出版社，2007：序言 6.

及由于对自然与环境资源的争夺所形成的全球范围内激烈的社会斗争。在莱斯看来，它们中的任何一个都可能引发人类社会的剧烈变化，甚至对地球上现有的生命系统造成毁灭性灾难。事实上，对自然资源的争夺一直就是社会冲突的焦点之一，在资本主义经济制度占主导地位的社会，环境问题也早已以不同方式转变成为全球范围内日益激烈的政治斗争。然而，如果不能发现问题的根源，也就无法找到恰当的解决途径。莱斯将生态与环境问题的根源归因于人类控制自然的观念，但是，这一观念又是如何发挥作用的，这就需要考察这一观念在现实社会中的运行机制，把控制自然的观念及其后果放置在人与自然以及社会之间的交互作用中加以理解。因为控制自然的观念作为现代社会的意识形态，就是要把全部自然作为满足人的无止境欲望的材料来加以占用。因此，一方面，生产机构在无限地扩张；另一方面，追求无限的生产必然带来产品的不断积累，这就要求越来越多的人融入商品消费的洪流之中，让他们相信市场上供应的最新商品就是自身的真实需要。这就形成了资本主义世界由过度生产、过度消费所主导的生产—生存方式。

在对以上问题剖析的基础上，莱斯进而考察了羁系其中的人的存在状态问题。在莱斯看来，人与自然的原初关系包含着外部自然对人的强制性，控制自然的活动就是人类从这种强制性中获得解放的漫长之旅。但是，在资本主义经济制度占主导地位的社会中，由人类征服自然的活动所导致的对人与自然的双重控制，却在现实的运行中不断扭曲着人的那些最关键的需要，使得原本将征服自然看作一项社会事业的人，不但无法摆脱外在自然的强制，反而又遭受到来自内部自然欲望的奴役。在这种内外自然的双重作用下，所触发的就不仅是人与自然关系的日趋紧张，也全面地破坏了人类存在状态的自由本性。莱斯说：“在这个阶段，对自然和人的控制在社会统治阶级的引导下，内化为个人的心理过程；它是自我毁灭的，因为消费和行为的强制性特征破坏了人的自由。”[1] 因此，控制自然的观念所蕴含的内在矛盾，不但否定了人类自身从外在强制性经验中获得解放的艰难努力，也把人类社会变成了一个无休止地追求满足无止境欲望的场所，而这正是控制自然的观念作为现代社会意识形态最为消极的后果。

二、追溯“控制自然”观念的历史

当控制自然的观念成为一种意识形态，人类通过科学技术征服自然来满足自己的需要也就成了现代社会的基本诉求。在这一诉求下，人们普遍把科学技术的进步当作社会利益与自身幸福的提升，科学技术的理性主义也就成了时代精神的表征。但是，这是一种抽象的表征，因为现实的人作为个体的存在，无时无刻不受着激情与欲望等非理性因素的影响。因此，莱斯指出，如果人类历史是被一种黑格尔所谓的“理性的机巧”所支配，那么也更被一种“非理性的机巧”所驱使。在这种非理性机巧的驱使下，科学技术原本作为人类理性精神的体现，也就不免落入了社会冲突的非理性罗网。由此，社会内部的冲突也就同化了人与自然的斗争，使得通过科学技术控制自然的活动成了控制人的工具。卢卡奇说：“自然是一个社会的范畴。”[2] 事实上，抛开社会冲突的现实背景去理解人与自然的关系，根本就不能揭示控制自然观念的真正内涵，因为控制自然的事业本身就是被控制的。正如德国马克思主义学者 A. 施密特的阐释：“随着历史进入现代，人类外部的自然存在已越来

[1] 威廉·莱斯. 自然的控制［M］. 岳长龄，李建华，译. 重庆：重庆出版社，2007：序言 8.

[2] 卢卡奇. 历史与阶级意识——关于马克思主义辩证法的研究［M］. 杜章智，等译. 北京：商务印书馆，1996：203.

越归于人类社会的准备活动的一个环节。”[1]那么，如果不能把握控制自然观念转变的历史逻辑，也就不能使其作为现代社会意识形态的真正内涵得以呈现。

进入历史的视野，莱斯首先通过一个流传在非洲东南部古老传说的描述，考察了古代神话中的自然观。在莱斯看来，与流传在不同文化中的神话一样，这个故事所表达的是一种“由工具（特别是那些金属制作的工具）所引起的恐惧和渴求的矛盾情绪”[2]。在这种矛盾情绪中，先民们一方面渴望通过金属工具的发明和使用来改变现实的命运，另一方面又深陷在对“非自然”器物的恐惧中。在这一状况下，金属的神圣感和冶金操作的神秘感，使得人们在对金属工具的制作与使用中，往往需要借助于祭司、禁忌仪式。这是一种泛灵论的自然观。先民们相信万物有灵，对自然物的取用必须通过祭品和礼仪，尤其“各种金属工具的发明和创造总是带有巫术和神祇的色彩，而其创造者也常被当作巫术师”[3]。不过，在冶金等操作活动及其伴随的各类仪式中，也表现了人与自然积极合作的态度，体现出人类在自身的活动中感受到的独立性和力量。当然，这种积极的态度与工具是“恶魔”的周期性恐惧并列而行。这是因为，“在具有‘史前史’特征的人类以往的历史中，由于人并不支配自己相对于自然的各种能力，因而人的本质就残酷地完全隶属于维持其生存的物质条件”[4]。因此，在这一时期，人类的先民虽然已经开始逐渐

---

[1] A. 施密特. 马克思的自然概念［M］. 欧力同，吴仲昉，译. 北京：商务印书馆，1988：16.
[2] 威廉·莱斯. 自然的控制［M］. 岳长龄，李建华，译. 重庆：重庆出版社，2007：23.
[3] 威廉·莱斯. 自然的控制［M］. 岳长龄，李建华，译. 重庆：重庆出版社，2007：24.
[4] A. 施密特. 马克思的自然概念［M］. 欧力同，吴仲昉，译. 北京：商务印书馆，1988：28.

接受自身的创造性成果，但同时担忧着失控的灾难。

与古代泛灵论的自然观有所不同，犹太—基督教传统“保持着‘精神’与自然相分离并且从外部统治它”[1]的基本观念。犹太—基督徒以一种不关心自然对象的心情去开发自然，甚至认为自然界的设计就是为了服务于人的目的。在他们看来，人类得益于分享上帝的精神而优越于其他自然物，完全不用担心自然界会有什么反抗的意志。经过亚里士多德主义经院哲学的思想强化，自然界被彻底质料化，人类作为精神的存在，依靠分享上帝的形式原则具有了目的性，人们可以通过自身有目的的活动去支配自然、改造自然，从而达到对自然的统治。当然，在犹太—基督教的传统中，人类对自然界的统治权派生于上帝，并不是直接性的，因此只有通过辛苦的劳作才能使之实现，劳动也就成了一种救赎的凭证。但是，在莱斯看来，正是这种宗教传统中精神与自然分离的观念为现代科学提供了本体论基础。退一步来看，因为没有人能够真正控制为了控制自然而发明的那些日益复杂的工具，总会有一种模糊意识潜藏下的恐惧伴随着各种技术的发展，使得现代科学技术也无法完全褪去巫术的光环。但是，在犹太—基督教传统中，人被说成是上帝的偶像，也就能够以独立于自然的方式公开行使对自然界的统治，这一观念内化于基督教精神长期占统治地位的西方伦理思想中，也就成了控制自然观念的重要根源。不过，莱斯进而强调，《圣经》的故事同样蕴含着自然的神圣性意识，因为从犹太—基督教的基本观念出发，自然界毕竟源于上帝的创造，人类能够假以为用来维持自己的生命，但所拥有的只能是对自然万物的支配权，而不是掌控整个地球的权利。因此，在这一思想传统中，人类控制自然

---

[1] 威廉·莱斯．自然的控制［M］．岳长龄，李建华，译．重庆：重庆出版社，2007：26.

的另一面，自然界作为上帝给予人类的恩赐，也就成了人们理解神意的一种辅助手段。犹太—基督教教义也就通过约束人掌握更高的权力的方法实现了对人类现世野心的控制。不过，在马克思看来，任何关于“人和自然的创造者”的思想一概都是通过抽象掉“自然界和人的存在”来表达的，“自然”也只有“通过社会劳动的各种形式才显现出来”❶。客观世界最终所体现的只是现实人的感性的实践活动。

犹太—基督教传统中的“自然”观念，同样受到了文艺复兴时期进步思想家的激烈批判。作为一个新时代的开启，文艺复兴“把注意力从天上移到人间，自然科学逐渐位于前列”❷。这一时期的思想家大都否定超自然的东西，并通过对人的形象的重新评价来回答人与自然的关系问题。文艺复兴早期的自然哲学家热衷于巫术、炼金术和占星术等传统形式，并以此展开了对自然界的研究。在关于自然的巫术理论中，巫术师们并不是非自然事物的创造者，他们只是预期了自然行为的结果，来协助自然过程的进一步完成。当然，从后期自然科学的发展来看，类似观念并没有摆脱以往的迷信色彩，但他们的研究却体现出一种科学精神，标志着时代的进步。正如美国哲学家梯利的评价，这一时期的巫术师们“试图研究和控制自然，是近代科学的先驱”❸。基于对思想史的理解，莱斯赞同把文艺复兴时期有关“自然”观念的观点，看作作为现代社会意识形态的控制自然观念的又一个重要根源。在莱斯看来，巫术理论中有关人与自然关系的新态度，蕴含着“一种不断增长的对自然‘奥秘’和‘效用’的迷恋和一种要识破它们以获得力量和财富的

❶ A. 施密特. 马克思的自然概念［M］. 欧力同，吴仲昉，译. 北京：商务印书馆，1988：54.
❷ 梯利. 西方哲学史［M］. 葛力，译. 北京：商务印书馆，1995：252.
❸ 梯利. 西方哲学史［M］. 葛力，译. 北京：商务印书馆，1995：260.

渴望”[1]。较有代表的是，炼金术士们普遍认为，他们的工作只是协助自然的发展，使其最大限度地生产出人类利益所需的产品；进而相信，只要能够发现关于物质及其结构原理的知识，就能通过重复的创造操作来控制自然。这种观念也混合着宗教和哲学传统中追求自我完善的目标，后者被看作与控制自然的目标保持着一致。当然，莱斯同时指出了蕴含在这一思想背景中的消极因素，他说：“这种观念长期陷入人类精神更为黑暗的方面，并且与邪恶、负罪和恐惧以其当今世俗的形式保持着联系。”[2]

作为文艺复兴晚期重要的哲学家，弗兰西斯·培根接受并强化了文艺复兴时期对自然界的兴趣转向，并通过有组织的科学研究对传统观念进行了制度性重建。在培根看来，当时流行的科学往往以某一假定内容（概念）为根据，通过纯然形式的推论建立起诸多关于物质的范畴体系来说明整个世界。培根认为，这种只从抽象概念出发，自始至终只在形式中打转的方法，全然不顾实际存在的事物，有的只是“对自然的冒测”[3]。在培根看来，人只是自然界的解释者，在自然的进程之外并不能有所作为，只有从经验观察出发，通过归纳与类比去探寻自然的规律，才能获得有关自然的知识，从而建立和发展起人类优越于自然并能够统治自然的力量。从思想史的发展来看，培根哲学开启了经验主义认识原则的方法论革新，他也被誉为“经验哲学家的首领”[4]。在《自然的控制》一书中，莱斯指出，控制自然的观念构成了培根哲学最基本的要素，这一观念也被视为培根世界观对一个长久时代的杰出贡

---

[1] 威廉·莱斯. 自然的控制［M］. 岳长龄，李建华，译. 重庆：重庆出版社，2007：36.
[2] 威廉·莱斯. 自然的控制［M］. 岳长龄，李建华，译. 重庆：重庆出版社，2007：40.
[3] 培根. 新工具［M］. 许宝骙，译. 北京：商务印书馆，2011：15.
[4] 黑格尔. 哲学史讲演录：第4卷［M］. 贺麟，王太庆，等译. 上海：上海人民出版社，2013：18.

献，培根本人也因此"被授以'自然大臣'的美名并被广泛地颂扬为一种新秩序的先驱"[1]。但是，培根对控制自然思想的阐释是从基督教教义出发的。在培根看来，人由于堕落而同时失去了道德的清白和对创造物的统治，只有诉诸自身的努力才能得以恢复。不过，在当时基督教思想占统治地位的社会背景中，培根的这一区分却有效地回应了当时人们对科学的发展会因扰乱了自然事物的秩序而惹怒上帝的担忧。就这样，培根通过对科学功能之"清白性"的论证，为科学研究工作的世俗化转变打下了基础。

由以上分析可见，培根的经验主义哲学在开启方法论革新的同时，促进了一种新世界观的转变。在17世纪以后，通过科学和技术征服自然的观念日益成为一种不证自明的东西，并渐而演变成为现代社会的意识形态。培根之后，17世纪的哲学发展很快将培根指出的崎岖小径变成了一条康庄大道，通过技艺和科学的进步实现对地球的统治逐渐成为现代科学的标志。经过伽利略、笛卡尔等人的发展，一种机械主义图景将制造过程扩展到整个世界，人类对自然的控制也就被普遍认为是人在世界中能力的增长。这就完成了一种新世界观的转变。这种新世界观主要表现为人类对自然的态度从"沉思"转向"实用"，从亚里士多德学说侧重的对事物"为什么"的思考转向了对事物"怎么样"的拷问。其中，科学知识的进步总是与现实的效用紧密联系在一起，人类也就将对自然的控制交付给了科学，从而把科学的发展、控制自然的发展及人类能力的发展看成了一回事。在之后的时代，科学的进步被理所当然地认为不断改变着人和自然的关系，为解放人类在自然界中的不利地位提供了希望。

---

[1] 威廉·莱斯．自然的控制［M］．岳长龄，李建华，译．重庆：重庆出版社，2007：42.

三、马克思新世界观中的人与自然

控制自然的观念作为现代社会的意识形态，基于人与自然主客对立的思维模式，通过历史的探寻可知，这一观念以不同的表现形式一直伴随着人类社会的发展。然而，不论在神话、宗教还是巫术中，人类对自然的控制都处在一种自发状态，甚至在基督教的思想背景中，自然也表现出两面性：一面作为满足人类维持生命需要的来源产生出功利主义的行为方式，另一面作为上帝恩赐的可见证据被视为一种理解神意的辅助手段。只是到了现代社会，经过培根的合法性阐释与世俗化转向，人类控制自然的观念才作为一种自觉的意识开始主导人们的日常思维，在宗教影响日益衰微的同时，逐渐演变成现代社会科学技术的理性主义精神。在这一精神的主导下，人们将控制自然看作一项集体的社会事业，试图通过科学和技术的发展来增强人在世界中的力量，以此实现对自然界的完全控制。人类以科学技术为手段去掌控自然也就成了“现时代”集体意识的隐秘主题。结合现代社会的现实背景，莱斯进而指出：“尽管‘掌控自然’本身不是资本主义的‘产物’，但是该观念与资本主义相当契合。”[1]在资本主义社会关系的确立中，由这一观念掩盖下的通过控制自然而控制人的真正意图，以生产的无限扩张与人的需要的不断刺激，形成了资本主义世界由过度生产、过度消费所主导的生产—生存方式，进而引发了人与自然关系的紧张，造成了当代社会日益严峻的生态问题。

在莱斯看来，生态问题最为深切的根源正是人类控制自然的观念。莱斯通过对这一观念作为现代社会意识形态的多重反思及历史根源的探寻，充分

[1] 威廉·莱斯. 自然的控制［M］. 岳长龄，李建华，译. 重庆：重庆出版社，2007：再版序言 8.

揭示了隐含其中的内在矛盾，并将问题的核心落实在控制自然和控制人之间不可分割的联系中。莱斯对控制自然观念的批判鲜明地体现了马克思辩证法思想的理论原则，莱斯也指出：“在马克思所有时期的著作中，自然概念都是最重要的范畴之一”[1]。在莱斯看来，资本主义工业文明代表着人对自然的理论和实践关系的最高形式[2]，马克思通过对资本主义意识形态的批判，清楚地区分了蕴含其中的人和自然的联系。在马克思的思想视域中，人首先是一种自然的存在，然后才通过自身作为自然能力的劳动，在对自然界的改变中寻求自身需要的满足。莱斯指出，在对人和自然联系的区分中，“马克思在这里概括地提出了人和自然的辩证法”[3]。从马克思辩证法的理论原则出发，自然界首先是人类全部活动的基础与应用场所，人“作为一种自然力与自然物质相对立”[4]，又通过劳动为中介与自然界达成一种内在的统一，在这种对立与统一的相互关系中，人通过劳动改变着自然界，也改变着自身。正如施密特的解释：即使“人所把握、支配了的生活过程，依然是一种自然关系，在生产的一切形态中，人的劳动力‘不过是一种自然力的表现’”[5]。然而，在资本主义社会形态下，资产者通过私有财产权的确立占有着对外在自然的绝对权力，从而隔绝了劳动者与自然界的直接联系，人与自然的斗争也就同化在了社会内部的阶级冲突中，控制自然的活动也就成了一些人企图控制另一些人的工具。

莱斯进而指出，在这种现代社会意识形态下，人类对自然的控制被表述为一个纯粹性的技术问题，但根本没有一个“自在的自然”（nature perse）

---

❶ 威廉·莱斯．自然的控制［M］．岳长龄，李建华，译．重庆：重庆出版社，2007：74.
❷ 威廉·莱斯．自然的控制［M］．岳长龄，李建华，译．重庆：重庆出版社，2007：73.
❸ 威廉·莱斯．自然的控制［M］．岳长龄，李建华，译．重庆：重庆出版社，2007：75.
❹ 马克思恩格斯文集：第5卷［M］．北京：人民出版社，2009：208.
❺ A．施密特．马克思的自然概念［M］．欧力同，吴仲昉，译．北京：商务印书馆，1988：3.

作为科学研究的对象，有的只是与不同人的旨趣相关的对于自然的各种观点。在人类控制自然的观念中，“自然”只是被抽象成了一个外在的对象，看作人类展现自身活动的舞台。但是，在资本主义的现实社会背景中，自然环境总是或者表现为已经以私有财产的形式被占用，而这正是一些人控制另一些人的决定性武器，通过对自然的控制所形成的真正的控制对象只能是人，那些能够服从他人意志的服从的意识。事实上，在《1844年经济学哲学手稿》中，马克思就曾指出：“被抽象地理解的、自为的、被确定为与人分隔开来的自然界，对人来说也是无。”[1]马克思哲学中的“自然”是以人的实践活动为中介的“人化的自然”。在这里，“自然”只有进入人的历史世界，通过接受由人所指导的实验才可能被揭示和理解；“自然”也只有经过人类实践活动的处理，才能够具有科学研究对象的意义。正如施密特对马克思辩证法的阐释，“人对于自然的关系是以人们之间的相互关系为前提的，所以劳动过程作为自然过程，它的辩证法把自己扩展成为一般人类史的辩证法”[2]。

如前所述，面对日益严重的生态危机，有一种观点把科学技术视为可诅咒的偶像，以此来批判工业文明的消极影响。在他们看来，环境问题产生于人类以科学技术为手段对自然界的征服，从而推崇一种对自然的崇拜来唤起人们的生态意识，试图以此阻止环境灾难的进一步蔓延。从理论的考察来看，这是西方绿色运动中生态主义者的基本立场。从这一立场出发，生态主义者对现代工业文明进行了笼统否定。但是，在生态主义者的视野中，自然界又往往被看作人类实践活动之外的“荒野”，“一种未被污染的、未被人类

---

1. 马克思．1844年经济学哲学手稿［M］．北京：人民出版社，2014：114.
2. A．施密特．马克思的自然概念［M］．欧力同，吴仲昉，译．北京：商务印书馆，1988：58.

之手接触过的、远离都市的东西”[1]。从历史唯物主义观点出发，生态主义者崇拜自然的观点仍然囿于人与自然主客对立的思维模式，凸显着旧唯物主义的直观性与形而上学的本质主义特征。在《德意志意识形态》中，马克思、恩格斯在对费尔巴哈的批判中就曾鲜明地指出：“先于人类历史而存在的那个自然界，不是费尔巴哈生活于其中的自然界。”[2]与此相应，那种所谓外在于人类实践活动的“荒野”，对人而言也是一个不存在的自然界。因此，生态主义者同样是在个体意识的牢笼中抽象出一个“自然”概念，却并不理解他们身处其中的自然界正是人类实践活动的结果。正如英国生态学马克思主义者乔纳森·休斯所言：“人类对自然的改变并不必然与人类对自然的依赖相矛盾，并且实际上人类对自然的改变是社会的生态视角的重要组成部分。”[3]

从马克思关于人和自然关系辩证法的新世界观出发，对控制自然的理解必然要联系到现实的社会背景，这就需要充分扬弃生态主义者崇拜自然的观念和工业主义者征服自然的观念，将对自然的控制重新解释为对人类和自然之间关系的控制。一方面，如果脱离了社会关系的现实背景，对自然以及人和自然关系的阐释就只能是一种抽象的表达。在马克思哲学中，那个作为合规律的、一般领域的自然，“无论从其范围还是性质来看，总是同被社会组织起来的人在一定历史结构中产生的目标相联系”[4]着的。另一方面，如果不能认识科学技术的发展与人类从自然界中获取物质利益的方式的历史联

---

[1] 詹姆斯·奥康纳．自然的理由——生态学马克思主义研究［M］．唐正东，臧佩洪，译．南京：南京大学出版社，2003：35.

[2] 马克思恩格斯文集：第1卷［M］北京：人民出版社，2009：530.

[3] 乔纳森·休斯．生态与历史唯物主义［M］．张晓琼，侯晓滨，译．南京：江苏人民出版社，2011：144.

[4] A．施密特．马克思的自然概念［M］．欧力同，吴仲昉，译．北京：商务印书馆，1988：43.

系，也就不能够理解人类控制自然的努力正是在严酷的社会冲突中进行的。历史的事实也一再表明，科学技术在一定的时期往往直接就是特殊利益集团实现控制的工具。因此，在莱斯看来，马克思思想的深刻就在于，"能够使人与自然的不同形式的关系与一种社会变化的理论结合起来"[1]。这种结合充分体现了马克思关于人和自然关系辩证法的实质内核。从对马克思思想的理解来看，"脱离人的一切实践去对自然进行解释，这从根本上讲，只能是对自然的漠视"[2]。在马克思辩证法的理论视域中，不是什么抽象体，而只有"社会实践的具体性才是唯物主义理论的真正对象和出发点"[3]。

基于人和自然关系辩证法的思想原则，在《1857—1858年经济学手稿》中，马克思明确强调："只有在资本主义制度下自然界才真正是人的对象，真正是有用物……其目的是使自然界（不管是作为消费品，还是作为生产资料）服从于人的需要。"[4]但是，资产阶级的卫道士们却把一个"虚假的自然"观念塑造成一种意识形态，又以社会关系的商品化形式把个人塑造成控制自然活动中的独立主体，控制自然原本作为资产阶级的历史使命也就被塑造成了一项人类集体的社会事业。然而，在迄今为止的人类历史中，尤其是资本主义阶级社会中，个人从来就不是自由的社会的个人，而是经济范畴的人格化体现。莱斯也明确指出，在一切阶级社会中，"对人的劳动的可能剥削的强度直接依赖于控制外部自然所达到的程度"[5]。历史的现实

---

❶ 威廉·莱斯. 自然的控制［M］. 岳长龄，李建华，译. 重庆：重庆出版社，2007：77.
❷ A. 施密特. 马克思的自然概念［M］. 欧力同，吴仲昉，译. 北京：商务印书馆，1988：50.
❸ A. 施密特. 马克思的自然概念［M］. 欧力同，吴仲昉，译. 北京：商务印书馆，1988：31.
❹ 马克思恩格斯全集：第30卷［M］. 北京：人民出版社，1995：390.
❺ 威廉·莱斯. 自然的控制［M］. 岳长龄，李建华，译. 重庆：重庆出版社，2007：139.

也不断表明，“由于特殊集团通过持久的制度体系控制其他人的行为，新技术迟早会用来为统治服务”[1]。因此，只有从马克思辩证法的思想原则出发，将对人和自然关系的考察联系到人类历史的发展和社会的变化，从阶级对抗的社会政治视角来重新理解人与自然的关系，才能真正揭示控制自然观念所隐藏的控制自然和控制人之间不可分割的联系。也只有如此，才能更为深刻地认识到资本主义经济制度在控制自然的意识形态下所形成的新的控制形式及其剥削本性，达到一种对自然观念的新理解，为生态问题的解决找到一条切实有效的途径。

第二节　基于阶级立场的控制观念批判

正如马克思首先是一位革命家，其次才是一位思想家，马克思主义也首先是一种政治立场。在《共产党宣言》中，马克思和恩格斯宣告：“至今一切社会的历史都是阶级斗争的历史。”[2]从此，马克思主义理论始终保持着鲜明的阶级立场，并从这一立场出发去理解人类自由和解放的意义。在对莱斯思想的深入研究中，能够清楚辨析其阶级立场的批判维度，这一思想特质在他对马克斯·舍勒的控制学概念的批判性解读中表现得特别明显。我们认为，这也正是莱斯的生态学马克思主义理论区别于其他绿色运动中的各类生态理论的关键所在。

---

[1] 威廉·莱斯. 自然的控制［M］. 岳长龄，李建华，译. 重庆：重庆出版社，2007：145.
[2] 马克思恩格斯文集：第2卷［M］. 北京：人民出版社，2009：31.

一、舍勒的“控制学”概念

德国哲学家马克斯·舍勒是现象学运动的代表人物，也是哲学人类学与知识社会学的主要奠基人。在有关知识社会学的系列著作中，舍勒对马克思主义多有微词。在《先知社会主义还是马克思主义的社会主义》一文中，舍勒以一种“先知的基督教社会主义”来批判马克思主义的科学社会主义及其他社会主义思潮，并断言：“马克思主义是一种典型的压迫和批判造反的意识形态；随着社会条件越来越不充分，马克思主义终将消失。”[1]舍勒称这种基督教社会主义是一种合乎人性的教育的社会主义。他指出，基督教社会主义和马克思主义相反，在它这里，“上帝不仅存在于人的精神和意志当中……上帝及其永恒天意和世俗统治也一同参与了此岸世界的历史发展的必然过程”[2]。舍勒赞扬这种基督教社会主义，认为它在此岸世界中保持了以“协作”为特征的基督教共同体观念。与此相反，舍勒却把一种所谓的“强制性”特征施加于马克思主义的科学社会主义，即共产主义之上，进而宣称：“如果人类不接受基督教社会主义，那么，人类将会不可避免地进入反基督教的强制性共产主义之中。”[3]

舍勒的知识社会学旗帜鲜明地反对马克思主义，这一思想倾向在其相关著作中不时显现。作为现象学运动的重要代表人物，舍勒将现象学方法广泛应用于认识论、伦理学、宗教哲学、心理学、社会学和人类学等不同领域，使得他的思想在西方世界产生了较为深远的影响。有鉴于此，对舍勒思想的

---

[1] 马克斯·舍勒. 舍勒选集［M］. 刘小枫，选编. 上海：上海三联书店，1999：1264.
[2] 马克斯·舍勒. 舍勒选集［M］. 刘小枫，选编. 上海：上海三联书店，1999：1274.
[3] 马克斯·舍勒. 舍勒选集［M］. 刘小枫，选编. 上海：上海三联书店，1999：1274.

批判性解读也一直是相关领域中马克思主义研究者自觉的理论任务。作为马尔库塞的学生，莱斯继承了法兰克福学派对科学技术意识形态的批判，在其代表作《自然的控制》一书中，他将这一领域的研究与对控制自然观念的批判进行了有效结合，实现了资本主义社会批判理论的生态学转向。在对控制自然观念的深入剖析中，莱斯将批判的鹄的指向了舍勒有关控制学的概念。莱斯认为，把征服自然看作现代社会的一个社会目标和把自然科学作为实现这一目标的手段的那些人当中，舍勒的知识社会学对这些观念的历史和哲学基础做了一种最为透彻、最为精辟的理想表述。这一表述就是舍勒的控制学概念。但是，莱斯进一步指出，舍勒虽然对科学和控制之间的关系做了具有启发性的说明，但就其理解而言是不恰当的。因为在莱斯看来，舍勒把现代科学看作人类为控制自然而设计的工具，试图论证科学知识本身的价值中立特征，然而“他显然没有注意到在科学以实用的，操作的，或工具的方式控制世界的设想中，包含着严重的含糊性”[1]。莱斯进而指出，人类共同控制自然的概念本身是毫无意义的，能够进行控制的只能是可以服从他人意志的服从意识，因此，也只有这样的服从意识才可能是控制的对象。

莱斯所批判的舍勒的控制学就是实证科学，“其自觉形态的表现就是为使环境服从人的目的而发展出来的各种技术”[2]。对舍勒而言，实证科学是其知识社会学的有机组成部分。实证科学的目的是“要用数学符号建构世界图景。这种图景有意忽视世界的所有‘本质’，而只接纳现象之间的关系，以便根据这些关系来支配和控制自然”[3]。在舍勒的思想谱系中，与实证科学相

[1] 威廉·莱斯．自然的控制［M］．岳长龄，李建华，译．重庆：重庆出版社，2007：104.
[2] 威廉·莱斯．自然的控制［M］．岳长龄，李建华，译．重庆：重庆出版社，2007：95.
[3] 马克斯·舍勒．舍勒选集［M］．刘小枫，选编．上海：上海三联书店，1999：1108.

区别的还有两种知识形态，即宗教与形而上学。这三种知识形态共同构成了舍勒的知识社会学的整体结构。舍勒的这种区分对应于19世纪实证主义学派有关人类知识发展的三阶段理论。实证主义创始人、法国哲学家奥古斯特·孔德将人类知识的发展历程看作一个线性的历史进步图式，并将其分为三个阶段：宗教—神学的阶段、形而上学的阶段与实证的阶段。在孔德看来，这三种知识形态在人类精神的发展历程中依次更替，后者的繁盛势必会使前者不断趋向瓦解，直到最终消失。舍勒坚决反对这种观点，在舍勒看来，这三种认识和思维并不是人类知识发展的不同历史阶段，而是偕同人类精神本质一起给定的实质性的和永恒性的精神立场和认识形式。舍勒进一步指出："宗教、形而上学和实证科学本质上是截然不同的，并都是人类精神起初便特有的使命和课题。"[1] 宗教是关于拯救或者救赎的知识，形而上学是有关人类社会的文化知识，实证科学则关涉着实用的知识，即关于控制自然界的知识，虽然它们在人类文明发展的不同时空有着不同的作用，但从一开始在很大程度上就各自具有独特的发展道路。舍勒进一步分析，实证主义之所以坚持三阶段法则理论，在于他们只把目光局限在了欧洲这片狭小的土地，而把西欧社会过去三个世纪的知识运动形式当成了整个人类的发展规律。于是，舍勒全面考察了人类历史上不同区域的知识形态，由此得出结论：宗教、形而上学和实证科学有着不同的历史运动形式，它们是由三种完全不同的动机、不同的认知精神活动、不同的目的、不同的位格类型及不同的社会群体所构成的知识形态，彼此之间毫无共同之处。

在《知识社会学问题》一书中，舍勒还对知识形态的历史起源问题发

---

[1] 马克斯·舍勒．舍勒选集［M］．刘小枫，选编．上海：上海三联书店，1999：1112.

表了独特的见解。舍勒认为，宗教知识的起源既不在万物有灵论与祖先崇拜，也不在理性的各种形而上学判断，而在于"得到群体承认的那些杰出个人与一个神圣的、异常强有力的个人自身之被人们深信不疑的经验性接触方面"[1]。形而上学则起源于摆脱了宗教传统与经济拖累的精英群体，从某种纯粹的理论态度出发，对世界的本质和各种事物的终极根源作出的观念性考察与或然性假设。舍勒着重指出，与形而上学不同，实证科学是哲学与工作经验联姻而生下的孩子，它起源于有闲暇时间进行沉思活动的阶层与积累了工作经验的阶层之间的互动。因为，一方面，"科学只有在无拘无束的沉思过程的影响下，才能把它那纯粹是理论方面的认识方式、才能把它的逻辑学方法和数学方法，扩展到整个世界上去"；另一方面，"倘若这另一个群体的影响不存在，那么，科学就永远不会形成它与技术、测量以及后来的自由试验的本质性密切联系"[2]。而正是后一类群体追求增加社会自由程度和解放程度的内驱力，增强了人们对自然知识的兴趣，使得人们对自然的控制成为可能。关于这三种知识形态的性质，舍勒认为，形而上学与宗教分享着人们参与绝对存在的过程，宗教通过信仰，通过对一个被人们认为在经验方面与上帝接触的人的无拘无束的顺从，以及启示、恩宠、启发，或者与上帝的某种本体性关系；形而上学则是通过"对任何一个人都可以重新思考的各种质料本身的、自发性的、凭借证据的认识过程而进行的"[3]。它们都是关于绝对价值观念的理论。实证科学则是价值中立的科学，它依附于人类的经济活动，与形而上学分享着严格的、合乎理性的方法，旨在运用有关自然的科学知识

[1] 马克斯·舍勒．知识社会学问题［M］．艾彦，译．北京：华夏出版社，2000：87.
[2] 马克斯·舍勒．知识社会学问题［M］．艾彦，译．北京：华夏出版社，2000：114.
[3] 马克斯·舍勒．知识社会学问题［M］．艾彦，译．北京：华夏出版社，2000：108.

去支配和控制自然，服务于人类自身的目的。当它变得越完善，就越需要避免任何关于价值的决策。

基于以上分析，舍勒对马克思的生产关系理论进行了抨击。在他看来，马克思主义是一种经济决定论，希望根据经济方面的生产关系将所有形态的知识与社会精神特质概念化，从而主张“不仅实证科学依赖于经济方面的各种生产关系，而且所有各种精神方面的成就也都是如此”[1]。舍勒坚持主张，只有实证科学才具有某种层面的依赖性，宗教与形而上学则拥有自己的自主性演化过程，受存在于它自己的领域内部的自发性变化的支配。而且，即使实证科学对经济方面的各种生产关系的依赖，也只是因为这两个领域的发展有一个共同的原因：领导者们的具有遗传性的内驱力结构。就两个领域本身而言，则是一种平行论模式。所以，在舍勒的知识社会学体系中，实证科学的发展根源于人类控制自然的意愿，而控制自然观念本身无涉于任何价值决策。作为人类征服自然的手段，实证科学体现着普遍意义上人类自身的内驱力，它的对象本身必然是价值中立的。

二、莱斯对“控制学”概念的批判性理解

在《自然的控制》一书中，莱斯发出疑问：“在近三个世纪中，科学能够使人类增长能力，并且使人们能够比以往所知的任何东西都更大程度地控制了自然。其原因是什么呢？现代科学和以前的科学之间的何种差别造成了这种可能？”[2]莱斯认为，舍勒的控制学概念对上述问题作出了较为全面的回答。但是，莱斯同样认为，当人们开始普遍认可人类征服自然是通过科学和

---

[1] 马克斯·舍勒. 知识社会学问题［M］. 艾彦，译. 北京：华夏出版社，2000：118.
[2] 威廉·莱斯. 自然的控制［M］. 岳长龄，李建华，译. 重庆：重庆出版社，2007：79.

技术手段实现的这一观念时，人类控制自然的全部意图就被这一论题所遮蔽了，并由此掩盖了一系列基本的社会矛盾。莱斯进一步指出，虽然舍勒对科学与控制之间的关系作出了具有启发性的说明，但是，他忽略了科学以工具性的实用操作方式去试图控制世界的设想本身就是含糊不清的。因为从舍勒知识社会学的基本观点出发，科学技术并非理论—沉思科学在实践中的应用，舍勒在为科学的理论结构与技术应用的内在联系作出证明时坚决主张：“现代科学是在一些本来就可操作的概念基础上发展起来的，这些可操作的概念先验地适合于技术的应用。”[1]但是，他在试图表达这种理论和实践两方面的统一时，却悬搁了对技术应用中社会生存斗争条件的考察。

舍勒的控制学是近代自然科学从宗教与形而上学束缚下解放出来而形成的关于控制的知识，也是为使环境服从人的目的而发展出来的各种技术，即理论的科学结构与科学的技术应用之间的统一。与近几个世纪的成就相比，它在以往人类文明的历程中从属于其他知识形态，对环境的改变并不显著。17 世纪开启的哲学与科学革命，使得以控制自然为目的的实证科学摆脱了宗教与形而上学的束缚，成为在现代社会中占支配地位的知识形态。作为人类征服自然的手段，实证科学植根于人们进行控制的意志，它的对象是价值中立的。控制学概念也进一步“把世界设想为价值中立的，这是人为了一种价值而为自己确定的任务，这种价值就是主宰和支配事物的生命价值”[2]。而“事物的全部构成都可能为了人的使用目的而加以改造”[3]。不过，莱斯指出，

---

❶ 威廉·莱斯．自然的控制［M］．岳长龄，李建华，译．重庆：重庆出版社，2007：93.
❷ 威廉·莱斯．自然的控制［M］．岳长龄，李建华，译．重庆：重庆出版社，2007：98.
❸ 威廉·莱斯．自然的控制［M］．岳长龄，李建华，译．重庆：重庆出版社，2007：99.

虽然这种知识的增长和对自然的控制有一定的一致性，但并非就是一回事。因为，一方面，现代科学确实在某种程度上增进了对于自然和物理世界的知识，但是人类控制自然的活动又总是处在社会关系的历史运动之中，这就不能回避知识的增长所带来的社会后果的问题；另一方面，虽然理论的科学结构与科学的技术应用在现实中的确每天都在发生着生产性的相互作用，但它们所涉及的控制是完全不同的，甚至在某种场合可能是矛盾的。所以，如果想要解决知识增长的社会后果问题，那就必须将各种生产技术的形式与科学思想的形式当作分离的现象来看待。

但是，在舍勒的知识社会学谱系中，他的控制学概念却一再坚持科学与技术的先验性统一。舍勒认为，17 世纪以前的欧洲文明中，哲学和宗教的知识形态占主导地位，人们对自然环境的控制水平较为低下。17 世纪开启的哲学与科学革命以新的世界观取代了以往对世界的非实践的沉思态度，人们开始带着惊奇的目光看待自然，并开始运用理性的思维去探究自然的奥秘，试图从自身目的出发来支配和控制自然。在舍勒看来，这种新世界观的转变使得“控制自然成为现代时期权力意志的主要焦点，而把控制人降到次要地位”❶。“权力意志”是尼采的概念，在尼采的基本意向中，“对知识需求程度取决于在一个族类中权力意志增长的程度：一个族类控制一定数量的实在以便成为它的主人，以便把它变成仆人”❷。舍勒的控制学概念充分吸收了尼采的相关思想，在论述三种知识形态时，他指出只有控制学专门反映人类控制自然的意图，其目的在于对世界中可能的行动进行技术性设计，以便实现人类对自然环境的控制。所以，舍勒将现代科学的理论结构与科学的技术

---

❶ 威廉·莱斯. 自然的控制［M］. 岳长龄，李建华，译. 重庆：重庆出版社，2007：101.
❷ 威廉·莱斯. 自然的控制［M］. 岳长龄，李建华，译. 重庆：重庆出版社，2007：96.

应用当作一个整体的活动看待，这种新科学的世界观以行动取代沉思，极大地扩展了人类主宰环境的能力。与此同时，舍勒也力图发现蕴含在新世界观转变之中的价值转换问题。他指出：“中世纪追求权力是集中在对人实行统治，而新的对权力的追求是为了控制物，更确切地说是追求把物改造为有价值的商品。”[1]在这种新的时代精神的主导下，对自然的控制不但使社会朝着有利的方向转变，也越来越被解释成人在世界中能力的增长，这就让人们普遍把科学的发展、控制自然的发展和人类能力的发展看作一回事，控制自然的行动也就成为现代社会中压倒一切的兴致所在。

针对舍勒的控制学概念，莱斯在对控制观念的深入剖析中提出了疑问。莱斯认为，舍勒关于现代科学的概念结构是为了控制自然而设计的说法并不成立，舍勒也没有对控制自然这一观念中严重的含混性进行应有的严密考察。莱斯指出，倘如舍勒所言，现代科学对自然控制的追求服务于人对权力的意志，但又是什么决定了它的性质，它又如何表现的呢？莱斯批判道，舍勒坚持认为科学作为人类理解世界的实用动机，所表现的是人们控制自然的意志，然而，“一旦科学控制自然采取了工具的或实用理性的形式，指导它工作的公认的目标就成为人类的实际需要和欲求”[2]。因此，莱斯首先否定了舍勒关于科学对世界的控制是一项实用事业的观点。在莱斯看来，人类对自然的需求必然以社会条件为前提，但舍勒只研究整体对强力的追求，却没有对人的目标和目的的范围进行必要的分析，如此也就模糊了人与人之间基于生存斗争的相互冲突才是理解追求控制的历史动力的问题。莱斯进而指出，“只说明对自然的科学研究及其技术应用是发生在一种操作的结构内还是很

[1] 威廉·莱斯. 自然的控制［M］. 岳长龄，李建华，译. 重庆：重庆出版社，2007：101.
[2] 威廉·莱斯. 自然的控制［M］. 岳长龄，李建华，译. 重庆：重庆出版社，2007：105.

不够的”[1]，必须考察在特殊的社会背景之中科学的理论结构和技术应用的操作。如果这个背景是世界范围内的生存斗争，那么国家内部和国家之间的相互冲突就与科技的发展具有一种辩证的关系，其中，冲突的每一方都会迫使另一方去发展自己的科学技术。因此，莱斯认为：“在追求控制自然的意志中所反映出来的目标，不是各种目标和目的的简单集合，而是包含着相互矛盾的部分的整体。”[2]那么，就此而论，也就不难理解现代科学的“实用”概念在对自然的控制中并不具有单义的所指，这也就让“控制”概念本身具有了双重含义：在人类作为一个整体对自然的控制中，并不能够回避生存斗争的相互冲突中人对人的控制。

莱斯进一步指出，舍勒控制学概念本身的含混性，也让科学和技术作为现代社会控制自然的工具的作用和意义变得模糊不清。一方面，舍勒试图解释新科学的世界观从沉思到行动的转变，并将此看作对现代科学诞生的系统说明。他认为，他在此阐释的不仅是一种有关哲学的运动，也是对人类社会生活整体结构变化的一种描述。但是，莱斯指出，舍勒完全忽略了去分析控制自然的观念作为科学与哲学思想转变的表现，与作为社会冲突结构有关的现象之间的关系。所以，舍勒将科学方法论本身的合理性原则，简单地还原到社会变化的过程之中，甚至以为可以通过对自然资源的不断开发，进而满足人们日益增长的需要，就能够缓和可能的社会冲突，但这并不是一条正确的道路。另一方面，舍勒把现代科学的目标描述为构造理论（科学）和实践（技术）统一的计划，以为它的成功就能够实现人类对自然世界的控制。抽象地考察现代社会科学技术的发展，这一趋势的确表现为人类对自然控制程

[1] 威廉·莱斯. 自然的控制［M］. 岳长龄，李建华，译. 重庆：重庆出版社，2007：105.
[2] 威廉·莱斯. 自然的控制［M］. 岳长龄，李建华，译. 重庆：重庆出版社，2007：105.

度的提高。但是，如果在实现这种计划的过程中，对人类社会及其生存环境产生了明显的不良后果，诸如生态遭到破坏、生物遭遇灭绝及核毁灭的威胁，那么又该如何看待这个控制概念本身的含义？因此，莱斯认为，舍勒虽然对科学与控制之间的关系做了较好的说明，但是控制观念本身的含混性在其中并未得到应有的澄清。

有鉴于此，莱斯在剖析舍勒控制学概念的基础上，进一步揭示了遮蔽在控制自然观念之中的控制的本性。莱斯认为：“无论一种文明的科学意识多么优越，只要为生存而进行的暴力斗争存在，科学的这种属性本身就不可能培育合理的人类行为。”[1] 莱斯将生存斗争的视角引入实证科学的思考，也就是将控制自然的观念放置在社会关系之中考察。在莱斯看来，控制、权力和征服这些概念并不能够直接运用于有关科学对自然成就的描述。首先，科学进步本身并不等于对自然的权力的增长，权力与控制的概念只有联系到科学知识的技术应用时才能够得到恰当的应用。其次，作为控制自然的手段，任何科学与技术的操作都必然受制于社会因素的目的，“只要在个人、社会集团和国家间存在着广泛的力量分配不均，技术就将作为控制的工具起作用”[2]。事实上，科学知识本身并不导致对外部自然的控制，控制的真正对象只能是人。莱斯说：“如果控制自然的观念有任何意义的话，那就是通过这些手段，即通过具有优越的技术能力——一些人企图统治和控制他人。”[3] 人类共同控制自然的概念毫无意义。

---

[1] 威廉·莱斯．自然的控制［M］．岳长龄，李建华，译．重庆：重庆出版社，2007：108.
[2] 威廉·莱斯．自然的控制［M］．岳长龄，李建华，译．重庆：重庆出版社，2007：108.
[3] 威廉·莱斯．自然的控制［M］．岳长龄，李建华，译．重庆：重庆出版社，2007：110.

三、从马克思阶级理论看控制自然的观念

在《共产党宣言》中，马克思和恩格斯说："至今一切社会的历史都是阶级斗争的历史。"[1] 斗争意味着对立，现实的及潜在的。而对立必然要求不同的主体，不论基于何种原则的区分。莱斯从生存斗争的视角揭示控制的本性，首先否定的就是舍勒控制学概念中控制自然的主体，他说："这项事业的假定的主体是不存在的。这里的'人'是一种抽象，当它以这种方式被使用时，只是隐蔽了一个事实，即在人与人的现实暴力斗争中技术工具发挥一部分作用。"[2] 在莱斯看来，把人看作控制自然的主体，其中隐含着人的概念的普遍性含义，如果以此实现一项控制自然的集体事业，那么共同目标的有效性必然要求和平、有序的内部结构。但是，在任何阶级社会，基于生存斗争的内部冲突才是追求控制的历史动力，无论人类对自然的控制达到何种程度，"某种社会阶级分化的内部冲突都使得人们的生产系统（控制自然是它的一个部分）不可能处于他们的控制之下。这种可能只能出现在一个无阶级的社会"[3]。

莱斯从生存斗争的视角考察控制自然的观念，这是坚持人与自然关系的社会历史性原则。在莱斯看来，"权力和控制的概念不是在科学知识本身的意义上说的，只有联系到科学知识的技术应用才可以很恰当地使用它们。技术上的发展显然会加强统治集团在社会中以及在国家之间关系中的力量"[4]。那么，在一切阶级社会，作为控制自然的手段，科学与技术的发展总要受制

---

❶ 马克思恩格斯文集：第 2 卷［M］. 北京：人民出版社，2009：31.
❷ 威廉·莱斯. 自然的控制［M］. 岳长龄，李建华，译. 重庆：重庆出版社，2007：109.
❸ 威廉·莱斯. 自然的控制［M］. 岳长龄，李建华，译. 重庆：重庆出版社，2007：76.
❹ 威廉·莱斯. 自然的控制［M］. 岳长龄，李建华，译. 重庆：重庆出版社，2007：108.

于阶级分化的内部冲突，不可能孤绝于阶级统治的目的。虽然舍勒的知识社会学对知识形态的历史起源与运动形式做了系统性阐释，但在探求现代科学的转变时，却坚持科学与技术的先验性统一，把科学合理性原则等同于社会生活整体结构的变化，使得控制学概念模糊不清。莱斯明确强调，必须将理论的科学结构与科学的技术应用放在特殊的社会背景之中，而不是一种操作的结构内考察，因为人类追求控制自然的意志中表现出来的目标并不是简单的集合，而是包含着较为复杂的相互矛盾和冲突的成分。舍勒的控制学概念只重视人类整体对控制强力的追求，却没有深入分析人与人之间相互冲突的因素，显然是对科学与技术的发展作出了非历史性的考察。

从人与自然关系的社会历史性原则出发，莱斯将生存斗争的内部冲突看作追求控制的历史动力，充分体现了马克思哲学阶级理论的基本立场。在《共产党宣言》中，马克思主义的创始人用阶级概念来解释人类社会的压迫和对抗性，阶级理论的核心要义为，“在迄今为止的阶级社会中都存在着作为压迫者和被压迫者相互对抗的阶级斗争，这既是人类历史的基本内容，也是历史发展的内在动力”[1]。基于阶级理论的基本观点，阶级分化的压迫、不平等和对抗性是人类历史迄今为止不可改变的基本事实，这一历史事实的存在又从根本上支撑着阶级概念的合法性。从阶级理论的前提出发，马克思进一步强调，过去的各个历史时代都可以看到社会完全划分为各个不同的等级，“但是，我们的时代，资产阶级时代，却有一个特点：它使阶级对立简单化了。整个社会日益分裂为两大敌对的阵营，分裂为两大相互直接对立的阶级：资产阶级和无产阶级”[2]。然而，资产阶级作为一个新的阶级，在反对

---

[1] 张盾．马克思的政治理论及其路径［J］．中国社会科学，2006（5）：33．

[2] 马克思恩格斯文集：第2卷［M］．北京：人民出版社，2009：32．

封建专制的斗争中，却始终坚持把压迫和对抗性解释为一种政治现象，试图以自由与平等的政治宣导掩盖压迫无产阶级的历史事实。于是，马克思提出经济的政治性原则，并由此揭示出资本主义制度下真实的压迫形式，这就是由资本对劳动的强制性所决定的资本家对工人阶级剩余劳动的剥削。在马克思看来，在资本主义世界中，经济的压迫才是最具根本性的压迫。在资本主义生产条件下，工人的劳动“看起来非常像是自由协商议定的结果”[1]，但是他们除了能够自由地出售自己的劳动力以外，自由得一无所有。“在这种自由的形式下却掩盖着统治、暴力和非正义的本质。这就最深刻地揭示了资本主义经济是一种新的压迫形式。”[2] 在这一压迫形式下，任何关于政治问题的思考都不能简单地局限在政治现象之中，这里的政治问题早已演化成一个经济问题，阶级分化的压迫、不平等和对抗性也最具根本性地反映在经济活动的领域。

从马克思思想的回溯来看，莱斯对控制观念的重释显然内蕴着阶级理论的批判维度，也充分彰显着经济的政治性原则。莱斯指出：“在一切以阶级划分为特征的社会形态中，个人周围的自然环境在日常生活中表现为实际的或潜在的他人的领地。”[3] 自然环境的归属权所指认的就是私有财产的现实，而私有财产权正是资本主义制度合法性的依据。莱斯认为，在前机械化的农业社会，劳动生产力的低下决定了经济剩余的贫乏，统治者和被统治者全都不得不屈从于俭省的经济制度，在这一历史背景下，社会中生存斗争的内部冲突只能局限在较小的范围。而工业社会的来临，即资本主义时代的到

---

[1] 马克思恩格斯文集：第7卷［M］. 北京：人民出版社，2009：927.
[2] 张盾. 马克思的政治理论及其路径［J］. 中国社会科学，2006（5）：37.
[3] 威廉·莱斯. 自然的控制［M］. 岳长龄，李建华，译. 重庆：重庆出版社，2007：139.

来，机器和工厂系统极大地扩大了劳动生产力，从而扩大了对它剥削的可能限度，以至于社会冲突的强烈程度发生了质的跳跃。莱斯指出，“抽象地说，在任何时期人类统治自然的水平对所有的人都是同样的”，但是，“在现实中，从控制自然中获得物质利益的分配总是不公平的”[1]。因此，在阶级分化的社会中，对于自然资源占有权的控制，更能恰当地体现生存斗争和控制自然之间的联系。一方面，在一切阶级划分的社会，经济的剩余作为私人财产而被占有，对这种剩余的分配便成为生存斗争的焦点；另一方面，某些只能在特殊地区得到的自然资源普遍地参与到社会化大生产中，人们却无法对它们的平等分配达成一致，这同样增强了社会内部冲突的范围与激烈程度。因此，莱斯认为：“对人的劳动的可能剥削的强度直接依赖于控制外部自然所达到的程度。”[2]因为私有财产权的现实必定阻止非所有者直接从自然环境中获取物质资料，这就必然不断激发社会中基于生存斗争的内部冲突。

在《德意志意识形态》中，马克思和恩格斯说，我们开始要谈的前提不是任意提出的，这是一些现实的个人，这些现实的个人的“第一个历史活动就是生产满足这些需要的资料，即生产物质生活本身”[3]。因此，如果人类作为这一历史活动的主体去实现对自然的控制，实质上同样体现着一种辩证的关系。一方面，如舍勒等人所言，科学技术作为手段去实现一项征服自然的人类事业，在这一目标中，人们的确等量齐观地拥有着控制自然的水平；科学技术作为人类对自然实现控制的理性与知识，它们的演变的确在某种层面上代表着人类能力的发展与社会的进步。另一方面，在一切阶级划分的社

---

[1] 威廉·莱斯．自然的控制［M］．岳长龄，李建华，译．重庆：重庆出版社，2007：76.
[2] 威廉·莱斯．自然的控制［M］．岳长龄，李建华，译．重庆：重庆出版社，2007：139.
[3] 马克思恩格斯文集：第 1 卷［M］．北京：人民出版社，2009：519，531.

会，尤其以经济的压迫性为特征的资本主义社会，依靠私有财产权所确立的资本对自然资源及生产资料占有权的控制，就构成了对生产资料非所有者的压迫。在资本主义生产条件下，这一压迫形式则显现为资本对劳动的强制，即作为资本所有者的资产阶级对作为劳动主体的无产阶级的经济压迫。与此同时，资产阶级通过对自然资源及生产资料的控制实现了对无产阶级的控制，这就让阶级之间的经济对抗成为一个不可回避的问题。按照马克思的规定，理解经济领域的对抗性，就必须使用阶级观点，因为劳动与资本的关系只有看作阶级关系才能成为资本主义剥削体制的政治表征。莱斯同样指出，作为资本主义社会运动的结果，“大多数的个人已经被剥夺了对物质生存资料的直接掌握，仅仅保留了他们的劳动力，在饥饿和难堪的贫穷胁迫下以供出卖”[1]。因此，在这一时代条件下，人们基于生存斗争的冲突必然会稳定地增长，在人与人之间的斗争中，控制自然资源显然是多数环境下的决定性武器。

由以上分析可见，在私有财产权为立法根据的资本主义制度下，由资本支配的工业化大生产利用科学技术的理性与知识试图去征服自然、控制自然，也同样因为资本对自然资源及生产资料占有权的控制形成了对劳动的强制，这就共同构成了资本对自然与劳动力的双重控制。莱斯在对控制观念的重释中引入生存斗争的视角，同样深刻地揭示出“控制自然和控制人之间的不可分割的联系”[2]。莱斯指出，在舍勒的控制学概念中，不但控制自然的主体是一种抽象，也同样没有一个“自在的自然”作为自然科学的对象而存

---

[1] 威廉·莱斯. 自然的控制［M］. 岳长龄，李建华，译. 重庆：重庆出版社，2007：123.
[2] 威廉·莱斯. 自然的控制［M］. 岳长龄，李建华，译. 重庆：重庆出版社，2007：序言 6.

在,“有的只是与各种类型的人的旨趣有关的对于自然的不同观点”[1]。“自然”一词的歧义性也让控制自然观念本身存在诸多疑问。莱斯进一步指出：“控制自然似乎不是人类的伟大事业，而是维护特殊统治集团利益的手段。”[2]因为,“在已经成为一切人类社会形态特征的持久的社会冲突条件下，自然环境总是或者表现为已经以私有财产的形式被占用”[3]。资本主义以抽象的个人平等的信条，将控制自然塑造成一种意识形态，假以普遍化的名义遮蔽了控制自然和控制人之间的联系，也就以此掩盖了由资本对劳动的强制性所决定的资产阶级对无产阶级的经济压迫与剥削。舍勒的知识社会学思想虽然试图确定实证科学本身的中立性，并以此批判当代资本主义工业文明下科技理性的嚣尘所引发的精神危机，却与资本主义一样割裂了自然与社会的联系，在观念中构造了一个基督教社会主义的图景，期望以基督教的价值观重塑现代社会的价值秩序，面对当代全球激烈的社会冲突，甚至希冀通过加强自然资源的开发来满足人的需要而缓解社会对抗。

综上所述，作为生态学马克思主义的奠基人，莱斯将法兰克福学派对科学技术意识形态的研究与对控制自然观念的批判有机结合，不但重申了资本主义制度的剥削本性，也进一步揭示了由此引发的一系列社会后果与自然后果。在莱斯看来，一方面，“权力平等和个人自由的传说，连同在广泛民主条件下人民选择的幻想一起，仍然遮蔽着少数人决定统治多数人生活的现实”[4]，使得社会阶级之间真实的经济关系进一步神秘化；另一方面，资本主义文明通过科技理性对自然的控制来操纵人的需求、改变人的本能结

[1] 威廉·莱斯. 自然的控制［M］. 岳长龄，李建华，译. 重庆：重庆出版社，2007：122.
[2] 威廉·莱斯. 自然的控制［M］. 岳长龄，李建华，译. 重庆：重庆出版社，2007：150.
[3] 威廉·莱斯. 自然的控制［M］. 岳长龄，李建华，译. 重庆：重庆出版社，2007：122.
[4] 威廉·莱斯. 自然的控制［M］. 岳长龄，李建华，译. 重庆：重庆出版社，2007：148.

构，产生了由过度生产与异化消费所触发的资源浪费、环境污染、生态平衡破坏等多方面的生态危机。与20世纪绿色运动中声势浩荡的主流绿色生态理论罔顾生态危机背后的社会根源不同，莱斯的生态批判理论正是通过阐释控制自然和控制人之间不可分割的联系，深刻地披露了全球性生态危机爆发下资本主义制度的合法性问题，也通过对马克思阶级理论与经济的政治性原则的贯彻，充分彰显了生态学马克思主义作为马克思主义的理论底色。事实上，在当今这个资本全球化的时代，生态问题俨然成为一个世界范围内突出的社会政治问题，对于生态危机的哲学思考更须放置在政治哲学的整体框架之下，这从根本上凸显了解读生态学马克思主义思想中阶级理论维度的重要意义。

第三节　从自然的控制到自然的解放

莱斯将人类控制自然的观念看作生态问题最为深切的根源。在莱斯看来，“人类掌控自然的权利是贯穿‘现时代’集体意识的一个隐秘的主题”[1]。由此，人类通过科学技术掌控自然来满足自身的需要也就成了现代社会的基本诉求。莱斯所说的“现时代”就是指西欧社会自文艺复兴以来的历史阶段。莱斯通过对控制自然观念的多重反思，揭示了控制自然与现代科学同资产阶级社会之间逻辑的和历史的联系；进而指出，正是自文艺复兴以来，控制自然的观念逐渐成为一种愈发具有深远影响的意识形态，以个人自由与权力平

[1] 威廉·莱斯. 自然的控制［M］. 岳长龄，李建华，译. 重庆：重庆出版社，2007：再版序言7.

等的普遍形式遮蔽了控制自然和控制人之间不可分割的联系，由此掩盖了资本主义经济制度形成的新的控制形式，使得自然界完全沦为人类的有用物，触发了当代社会日益严重的生态危机。在莱斯看来，只有从根本上拒斥这种长久遗留的以技术控制自然的观念，寻求一种对自然观念的新理解，才能为生态问题的解决找到一条切实有效的途径。

一、呼唤人类自然观的变革

从社会思想的发展来看，文艺复兴作为一个新时代的开启，把注意力从中世纪神学对超自然事物的关注转移到了世俗社会和自然科学，这一时期的思想家大都通过对人的形象的重新评价来回答人与自然的关系问题。在莱斯看来，正是这一转变使得一种增强人在物质世界中世俗权力的信念，成为此后社会发展的历史使命。然而，经过三四百年的努力，原来的目标依旧遥不可及，虽然表征着人类控制自然能力的科学技术日新月异，但由此引发的一系列自然后果和社会后果，却使得对原初信念的坚持变得困难。因为在社会大众的视野中，控制自然观念的积极意义和消极特征往往交织在一起，当其中的消极方面变得不可容忍时，这一观念本身也就成为一种寻求他者之途的反意识形态的牺牲品。事实上，“控制自然似乎不是人类的伟大事业，而是维护特殊统治集团利益的手段”[1]。这一观念的意识形态化正伴随着资本主义的确立与现代科学的发展，这就需要将相关问题的考察联系到这一历史进程之中。

从思想史来看，近现代科学肇端于对传统目的论的不断抨击。后者推崇

[1] 威廉·莱斯. 自然的控制［M］. 岳长龄，李建华，译. 重庆：重庆出版社，2007：150.

一种终极因理论，是亚里士多德哲学和中世纪基督教神学在自然观上持有的共同见解。根据英国哲学家柯林武德的研究，“自然科学的具体研究以自然的观念为基础”[1]。当然，这并不意味着作为整体的自然观念产生于对具体研究的脱离，而是指任何具体工作总会有始于某种前提的反思。在论述到现代与前现代科学的差异时，莱斯也指出：它们就“表现为方法论的变化和对自然的普遍态度的重大改变这两者的结果”[2]。前现代科学的自然态度正奠基于目的论思想，从这一立场出发，自然界被看作一个趋向于某种目的的自身运动的世界，甚至渗透或充满着类似“心灵”的精神，自然界作为这样一个运动不息、充满活力的有机体，也正因为精神的存在具有规则和秩序，居于其上或其中的万物都是这个有机体的特定组成部分。当目的论思想家看待自然界时，往往会以为某个原因必然有一种自然趋向，为了某个自然目的而趋向于某个结果。这是一种先天性阐释，培根将之贬斥为“对自然的冒测”[3]。在培根看来，基于目的论思想的科学研究既不会导向任何新的东西，也不会增加人类的知识，甚至“若是有些前所未察和前所不知的相反事例偶然撞来，这原理则借略作一些无关宏旨的区划而获救并得保存下去”[4]，不但无法达到内容与形式的统一，就其所坚持的目的本身也是偶然的。培根认为，人只是自然界的解释者，在自然的进程之外不会有什么认识，也不会有什么作为。

文艺复兴时期的自然观在总体上表现出一种反目的论倾向，这一时期的思想家普遍认为：“自然不是被它之外的东西驱使、去模仿那种有着永恒的

[1] 柯林武德. 自然的观念［M］. 吴国盛，柯映红，译. 北京：华夏出版社，1999：1.
[2] 威廉·莱斯. 自然的控制［M］. 岳长龄，李建华，译. 重庆：重庆出版社，2007：78.
[3] 培根. 新工具［M］. 许宝骙，译. 北京：商务印书馆，2011：15.
[4] 培根. 新工具［M］. 许宝骙，译. 北京：商务印书馆，2011：15.

和非物质的存在的形式。”[1]在他们看来，自然界本身即固有着一种运动，这种运动产生出人所能发现的诸多结构，自然界的变化正是这些结构之功能的体现。不过，文艺复兴早期的自然观仍然潜存着泛灵论色彩，但是，随着自然科学研究的深入，一种数学化思维占据了主导地位，由此而形成的机械论自然观也就逐渐取代了传统有机论自然观。这一过程的完成主要体现为三个方面。第一，一种自然的内在性概念从根本上否定了自然目的因理论，同时赋予自然界一种新的尊严。这种新自然观坚持用动力因而不是终极因来解释世界，动力因是内在的，这就意味着自然变化在开端上就已存在于自然之中。由此，动力因的内在性使得人们将自然视为一个自我创造的系统，开始以一种关注与审视的目光看待自然现象，自然界也就成了人们认识的对象。这一变化使得自然界转向了客观化、客体化，由此形成一种观点：“自然界的一切，不管它是多么细微和看起来偶然，都渗透着理性从而是有意义和价值的。”[2]只要通过具体和精确的观察就能够发现其规则与秩序。第二，物质世界的非中心论思想颠覆了自然界的有机论观念。这一颠覆首先得益于哥白尼的“日心说”理论。表面地看，哥白尼的“日心说”使得地球的中心地位被太阳所取代，但其中所蕴含的更深刻含义则是对物质世界有一个中心的否定。因为自然有机论思想暗含着自然界有分化了的器官的含义，“如果世界没有了中心，这种分化的基础就消失了，整个世界就由同一物质构成”[3]，那么，诸如引力定律等就不是像亚里士多德所认为的只适用于地球，而是普适于全部的自然和整个宇宙。这种观念扩大了人类认知的权限范围，使得人们

---

[1] 柯林武德．自然的观念［M］．吴国盛，柯映红，译．北京：华夏出版社，1999：105.
[2] 柯林武德．自然的观念［M］．吴国盛，柯映红，译．北京：华夏出版社，1999：105.
[3] 柯林武德．自然的观念［M］．吴国盛，柯映红，译．北京：华夏出版社，1999：105.

相信其所认知的自然科学定律同样适用于整个星空。它的哲学意义则在于使自然物质世界的同质化与同规律化，从而也间接地否定了自然之外第一推动者的存在。第三，一种数学的定量化模式塑造了一个系统的机械论自然观。这一工作主要完成于伽利略、笛卡尔等人关于自然科学的具体研究与哲学反思中。尤其是伽利略将科学原理概述为：唯有可测量的才是科学上可认识的，从而使得自然真理存在于数学事实的观点，成为这一时期自然科学家普遍持有的信念。传统有机论自然观中的“灵魂”或“心灵”概念被新自然科学的“力”的概念所取代，自然界的变化也就不再被认为是由活力能量推动的质变，而是由数量性的机械能不断延续的量变。由此，自然界自我创造、自我调整及自然是一部机器的观念充分结合起来，形成了一个关于自然的机械唯物主义理论，量与机械的自然被视为唯一的实在，自然界也就成了人类通过科学研究能够认识的对象。

自然观的转变直接影响着自然科学的具体研究，随着时间的推移，“炼金术演化为化学，占星术演化为天文学，巫术演化为实验；而神秘的毕达哥拉斯的数论则培育了对数学的兴趣”[1]。到了文艺复兴晚期，人们对自然的研究已经明显表现为对自然最深奥秘的探求，以及试图控制自然的强烈意愿。在《自然的控制》一书中，莱斯指出，有关控制自然的思想，在培根哲学中表述得最为清楚。在莱斯看来，培根接受并强化了伟大的文艺复兴对自然界的兴趣转向，并将控制自然的观念与炼金术士的狂想分割开来，在注入文艺复兴的新鲜血液后，与基督教精神充分结合，确立了这一观念在人们心中的突出地位。因此，控制自然的观念构成了培根哲学最基本的

---

❶ 梯利．西方哲学史［M］．葛力，译．北京：商务印书馆，1995：261．

要素，“被视为培根世界观对一个长久时代的杰出贡献”[1]。在培根看来，“倘若我们能够在发明中顺从自然，我们就能在实践中支配自然”[2]。而自然科学的唯一目标就是要发展人类优越于自然的地位和力量，进而支配自然、统治自然，以便更好地服务和造福于人类生活。培根所谓的“自然”就是经验观察的对象，即物理世界中的自然。培根还进一步将对控制自然思想的阐释诉诸基督教教义，在培根看来，“人由于堕落而同时失去了其清白和对创造物的统治，不过所失去的这两方面在此生中都可能部分地恢复，前者靠宗教和信仰，后者靠技艺和科学”[3]。在当时基督教思想占据支配地位的社会背景中，培根将对自然的控制诠释为基督教的精神遗产，也就对自然科学的具体研究作出了“清白性”论证，使之向世俗化转向开辟了道路。在培根之后，通过科学技术征服自然的观念日益成为一种不证自明的东西，甚至被诠释为人类文明的关键要素。在以后的历史进程中，对自然的控制越来越被普遍地认为是人在世界中能力的增长，通过科学和工业生产的相互作用，科学的发展、控制自然的发展及人类能力的发展也就被看成了一回事。

基于历史的探寻，莱斯进而指出，“尽管‘掌控自然’本身不是资本主义的‘产物’，但是该观念与资本主义相当契合”[4]。在莱斯看来，控制自然的观念与资产阶级社会有着内在的必然联系。一方面，在最为基础的经济生活层面，资本主义社会关系正是通过科学技术的应用促进了生产力的迅猛发

---

[1] 威廉·莱斯．自然的控制［M］．岳长龄，李建华，译．重庆：重庆出版社，2007：43.

[2] 马克斯·霍克海默，西奥多·阿道尔诺．启蒙辩证法［M］．渠敬东，曹卫东，译．上海：上海人民出版社，2006：1.

[3] 威廉·莱斯．自然的控制［M］．岳长龄，李建华，译．重庆：重庆出版社，2007：44–45.

[4] 威廉·莱斯．自然的控制［M］．岳长龄，李建华，译．重庆：重庆出版社，2007：再版序言 8.

展，以此赢得了对旧有制度的彻底胜利。正如马克思的评价："资产阶级在它的不到一百年的阶级统治中所创造的生产力，比过去一切世代创造的全部生产力还要多，还要大。"[1] 在它取得统治的地方，破坏了一切封建的、宗法的和田园诗般的关系。另一方面，在社会意识形态层面，资产阶级假以个人自由平等的政治宣导，把对自然的控制塑造成一项人类的伟大事业，在现代工业文明的洪流中默化为一种现代社会的意识形态。由此，控制自然也就成了一项广泛的社会任务，甚至被当作人类实现自身幸福的基本途径和目标，使得"控制自然会使社会朝着有利的方向转变的信念，成了现代社会的一种强有力的意识"[2]。事实上，资本主义的生产运动正体现着机械论哲学和科学中抽象物质概念的思想原则。在这一生产过程中，作为劳动主体的人与作为劳动对象的生产资料及劳动本身，都在绝对的定量化考虑之中，劳动本身表现为创造交换价值的"抽象劳动"，劳动者是作为经济范畴的劳动力的人格化载体，自然界则是服从人类需要的有用物，不再是自为的力量。

二、理性的批判与自然的反抗

新自然观的转变与控制自然观念的兴起开始于对传统科学与哲学教条的攻击，这一过程同时伴随着人类理性的自我伸张。根据马克斯·霍克海默的研究，"主张控制自然或扩张人在世界中的力量是人类理性的普遍特征"[3]，但人的理性被运用于科学，被理解为主宰世界的力量时，理性本身也就实现

❶ 马克思，恩格斯．共产党宣言［M］．北京：人民出版社，2014：32.
❷ 威廉·莱斯．自然的控制［M］．岳长龄，李建华，译．重庆：重庆出版社，2007：83.
❸ 威廉·莱斯．自然的控制［M］．岳长龄，李建华，译．重庆：重庆出版社，2007：131.

了一种根本性转变，霍克海默将之诠释为主观理性对客观理性的替代。客观理性是一个本体论范畴，在这一范畴中，人的理性是世界合理性的一部分，人能够运用自身的理性把握事物的本质，将对世界合理性的认识表达为真理。客观理性的取向是整个存在领域，作为主观理性的人的合理性目的同样被客观理性所统摄，在人与自然的关系中，人类最终的努力只能是沉默的自然世界的代言人。但是，自文艺复兴以来，随着西欧社会长达数世纪的思想解放运动对传统宗教神学的全面反抗，人类的主体性意识开始觉醒，尤其笛卡尔哲学确立了“我思”的先验主体性原则，主体理性渐而冲破了客观理性的牢笼。在随后的哲学形态演变中，笛卡尔所开创的先验主体性更是在费希特那里发展到顶峰，后者从“绝对自我”出发，将整个宇宙变成了自我的对象和工具，把一种无限而绝对的能动性赋予人类的主观理性。如此，主观理性就把合理性原则单纯地限制在了人的目的之中，从而一味地追求对事物的支配。在这一思想的转变中，自然界也就不可避免地成为人类通过科学技术进行支配和控制的对象。

在一定意义上，人类主体意识的觉醒代表着历史的进步，在这一过程中，客观理性不断受到主观理性的攻击，表现为一种自我消亡的趋势。客观理性是一个静态的概念体系，较为典型地表现在由古希腊哲学所开创的理性主义传统中，这一传统构成了西方哲学史的主流。古希腊哲学家柏拉图区分了理念世界与现象世界，他认为，一方面，理念是“自在和自为的，有实体性；它们是实体，是实在或实质的模型，即万物原始、永恒和超越的原型，先于，独立于事物而存在，不像事物那样受变化的影响”。另一方面，个别事物是“这些永恒模型的不完善的复制品和反映，个别事物有生有灭，而理念或模式则永存不息”[1]。从这种理性主义传统出发，基于对“理念”的理解形成的概念将一种结构施加于无序、混沌的感知觉材料，由此构成了能够精确认识的经验形式。这种形式表现为一系列的逻辑范畴，这些范畴显示着对特殊事物的权力，整个存在领域及人类对存在的体认都被一种普遍性所统摄。在这一体系中，人作为历史的主体受制于某种秩序的束缚。但是，随着文艺复兴思想解放运动对基督教神学与传统理性主义的不断抨击，到了17世纪之后，这种由客观理性来诠释世界的思想传统“已经在智力上衰竭枯槁，这个只知重复已有公式的体系已被创造性的思想所取代”[2]。尤其在18世纪的法国启蒙运动中，“思想家破坏了曾经具有活力但以后僵化了的概念和教条，这种僵化常常是在它们转变为某些社会集团物质利益的意识形态伪装的过程中发生的”[3]。启蒙运动的主旨是启迪人们反对蒙昧主义、专制主义和宗教迷信等旧的传统意识，通过观念、思想的革新推动社会的进步。启蒙运动的兴起在资产阶级反对旧有社会形态的过程中发挥了积极的促进作用。

然而，伴随着启蒙运动中主观理性对客观理性的替代，这一过程也暴露出自身的内在矛盾。因为正如霍克海默等人指出的，“就进步思想的最一般意义而言，启蒙的根本目标就是要使人们摆脱恐惧，树立自主”。但是，“被彻底启蒙的世界却笼罩在一片因胜利而招致的灾难之中”[4]。启蒙运动力图用知识取代幻想，实现“世界的非神秘化”，它始于对传统宗教神话观念的抨击，在现代阶段则表现为反对宗教与哲学中神秘化倾向的斗争，实证主义是

---

[1] 梯利. 西方哲学史［M］. 葛力，译. 北京：商务印书馆，1995：66.
[2] 威廉·莱斯. 自然的控制［M］. 岳长龄，李建华，译. 重庆：重庆出版社，2007：133.
[3] 威廉·莱斯. 自然的控制［M］. 岳长龄，李建华，译. 重庆：重庆出版社，2007：133.
[4] 马克斯·霍克海默，西奥多·阿道尔诺. 启蒙辩证法［M］. 渠敬东，曹卫东，译. 上海：上海人民出版社，2006：1.

其最发达的阶段。在实证主义阶段，“它把这种斗争引入概念思维本身，最后达到的立场是，一个命题只有符合一种特殊的‘可证实的知识’的概念，才是有意义的”[1]。这种不懈的努力以祛除世界的一切内在目的为导向，人和自然的关系也就被容纳在了表征人类意识的主观理性的控制范围之内，自然界也就成了一个物体的集合，遵循着一种既定的规律运行。由此，“自然”就被人们从自身的存在体验和思想中剥离出来，“目的是要以想象的方式把自然呈现在自己面前，以便按照他们设定的支配方式来控制自然”[2]。当一切人类以外的目的都被驱逐之后，唯一而明显地保留下来的就只有人类主观理性的思维模式中以“自我—保存”为特性的目的，而这种“自我—保存”的目的必然需要通过对世界的控制来实现。

在莱斯看来，霍克海默等人在其相关著作中深刻地剖析了人类理性伸张的自反性悖论，进而从对自然的控制、对人的控制和社会冲突的相互联系中揭示了蕴含其中的内在矛盾。莱斯指出，有一个事实深刻地揭示了社会冲突和控制自然之间的联系，这个事实是，“对人的劳动的可能剥削的强度直接依赖于控制外部自然所达到的程度”[3]。尤其工业化社会极大地促进了生产力的发展，进而充分扩大了可能的剥削限度。一方面，经济的剩余价值被作为私有财产而占有，对于剩余物的分配构成了社会冲突的突出问题。另一方面，在普遍化的社会生产运动中，稀缺资源占据着重要的地位，这一更为广泛的分配问题也进一步扩大了社会冲突的可能范围。与此同时，这种社会冲突背景中不断强化的对自然的控制，充分渗透到人类社会的意识形态与精神

[1] 威廉·莱斯．自然的控制［M］．岳长龄，李建华，译．重庆：重庆出版社，2007：134.
[2] 马克斯·霍克海默，西奥多·阿道尔诺．启蒙辩证法［M］．渠敬东，曹卫东，译．上海：上海人民出版社，2006：31.
[3] 威廉·莱斯．自然的控制［M］．岳长龄，李建华，译．重庆：重庆出版社，2007：139.

领域之中，进一步加深了人和自然环境之间及人与人之间为满足彼此的需要而展开的相互斗争，不但促使了相关矛盾从局部化向全球性的转变，也使得一种普遍的斗争笼罩在社会生活的各个领域。那么，包括自然环境在内的整个世界，俨然成了人类进行自我竞技的巨大舞台，为了实现对自然力的实际控制，人们不得不投入更为激烈的社会纷争之中。在莱斯看来，这必然招致“非理性的狡猾进行报复”❶。因为当今技术发明及其应用的更迭，体现着世界范围内各种力量错综复杂的交互作用，即使最为先进的社会也不能对之实现有效控制。与此同时，在全球性的激烈竞争中，原本以为作为控制主体的人反而成了为控制自然而制造的工具的奴仆，由对自然的技术控制加剧的矛盾又再次演变为对人与人之间进行政治控制的新技术的追求。尤其在垄断资本主义社会，这种对自然的控制通过操纵人们的需求进一步转化为对人的控制。

基于以上分析，莱斯进而指出：“通过控制自然环境和控制人性的新技术的发展而增长的对人的控制，并不是没有遭到反抗的。”❷ 在莱斯看来，霍克海默在《理性的暗淡》一书中使用“自然的反抗”的概念，较为详细地分析了这一问题。霍克海默指出：“自然的反抗意味着人性的反抗，它是以长久被压抑的本能欲望的暴力反抗形式发生的。”❸ 这一现象是人类文明史所体现的一个循环特征，并非为现代社会所特有。但是，在 20 世纪的社会形态中，其所涵盖的毁灭性的可能范围变得异常巨大，至少在工业化程度较高的国家，虽然压抑本能欲望的传统根据不再明显，然而对愉快的抑制、工作程

❶ 威廉·莱斯．自然的控制［M］．岳长龄，李建华，译．重庆：重庆出版社，2007：141.
❷ 威廉·莱斯．自然的控制［M］．岳长龄，李建华，译．重庆：重庆出版社，2007：143.
❸ 威廉·莱斯．自然的控制［M］．岳长龄，李建华，译．重庆：重庆出版社，2007：143.

序的要求及基于社会内部冲突的生存斗争依旧普遍存在，这就让“非理性的因素”成为人类活动的主导性因素。在这一状况下，由于征服人的内在和外部自然没有任何有意义的动机，所以自然并不是被真正地超越或服从，而是被简单地压制。在莱斯看来，“自然的反抗”概念是对人类持续扩大的控制的进程中“内在限度”的一种阐释，虽然社会结构中的非理性因素在不同的技术发展水平上，总是在某种程度上抑制着人们从开发自然资源的工具中获得的所有好处，然而，在每一个阶段，对自然资源的滥用、浪费及对自然环境的破坏至少部分地由对新技术的不断追求所造成。

事实上，更为复杂的问题是，不仅资源的浪费和滥用的程度大大增加，而且破坏的工具现在正威胁着整个人类的未来。这正是人类在对世界进行控制的“内在限度”所在，超过了这一限度，一切合理与不合理的技术运用都不再具有正当性，同时也意味着人类控制自然的目的必然会被选用的手段所破坏。这是因为人类控制自然的目的本来是保存与提升自己的生命，但是在“非理性的因素”的主导下，持续扩大的控制却蕴含着潜在的巨大危害，以至于可能毁灭目前为止人们以遭受巨大痛苦为代价获得的利益。从这一观点出发，莱斯进而指出：“自然反抗的概念可以应用到自然环境的生态的破坏。”[1]这是因为各种生物生态系统的自然功能在当前状况下受到的威胁，以及对外部自然本身的不合理开发也有其固有的界限。虽然我们当前对相应的破坏性后果尚不清楚，但是人类的活动已经对地球生态系统的某些部分造成了不可逆转的永久性损害。如果自然环境不能容忍这种不受管理的非理性的技术应用，它的自我更新机制必将遭到破坏，外部自然的反抗也将必然发

[1] 威廉·莱斯．自然的控制［M］．岳长龄，李建华，译．重庆：重庆出版社，2007：145.

生。正如霍克海默和阿道尔诺在《启蒙辩证法》中所言：“今天，当我们实现了在全球范围内‘用行动来支配自然’这一培根式乌托邦的时候，我们才能揭示曾被培根归罪于尚未征服的自然的那种奴役本性。”[1]

三、重释控制自然：自然的解放

如前所述，自文艺复兴思想解放运动以来，机械论自然观取代了有机论自然观，“自然”也就成了人类以科学技术为手段去征服的对象，随着近几个世纪工业化社会的不断推进，控制自然的观念已经成为现代社会中最为典型的意识形态。在莱斯看来，“自然的统治”这一概念充满了难以捉摸的复杂性，因为它的含义原本模糊难以辨别，但在现代社会的意识形态中又显得不言而喻。如果不能清楚地理解“自然的统治”，那么，我们也就不能对与之相对的“自然的解放”构成一种合理的理解，只能将其视为一种反意识形态的标志。莱斯指出：“重大的意识形态是基本社会矛盾的指示器。”[2]然而“意识形态”具有双重功能，一方面是遮蔽和欺骗的，另一方面又是揭露和解释的，它的价值取决于人们对自身需要及被意识形态推动的社会动力的理解。正如资产阶级以自由、平等的政治宣导对“人的自然权力”的阐释掩盖了少数人统治多数人的现实，“自然的统治”这一概念也同样遮蔽了控制自然和控制人之间不可分割的联系。因此，我们有必要充分理解“统治”及“控制”概念本身的含义，以便澄清使用这一概念时的方法论前提。

---

[1] 马克斯·霍克海默，西奥多·阿道尔诺. 启蒙辩证法［M］. 渠敬东，曹卫东，译. 上海：上海人民出版社，2006：34.

[2] 威廉·莱斯. 自然的控制［M］. 岳长龄，李建华，译. 重庆：重庆出版社，2007：序言 4.

在莱斯看来，“自然的统治”或者“控制自然”的概念，“像自然权力概念一样，它以普遍的名义被说成是人类的任务，它会对整个人类而不是任何特殊集团带来利益”[1]。基于这一观点，使人们摆脱自身处境的不便和困难，就理所应当地成为人类对自然进行控制或统治的目的。然而，经过几个世纪的发展，原来的目标依旧遥不可及，对自然的控制本身却又引起了一系列的社会后果与自然后果。只要控制或统治概念的原初含义保持不变，那么对自然进行控制的矛盾仍将无法理解。在莱斯看来，“如果这种矛盾不被理解和克服，那么意识形态本身将受到反意识形态越来越多的攻击；这其中最重要的是，它的真正进步的方面会遭受由与它有关的消极状况所引起的憎恨”[2]。事实上，在人类现实的社会实践中，控制自然的特点是科学和技术的发展，它似乎越来越与规划和指导这些活动的各个阶段的社会体制密不可分。然而，在过去的这些时代，人们开始普遍产生疑问：控制自然似乎不是人类整体的伟大事业，而是维护特殊统治集团利益的手段。在这一现实矛盾中，人类对自然的控制所体现的积极因素和消极因素相互缠绕，如果其中的消极方面变得不可容忍，整个事业就可能变成憎恨的对象。因此，当人类对自然的控制无法满足原本的期望时，“控制自然”这一概念本身就将不可避免地成为寻求通往幸福之路的反意识形态的牺牲品，而“自然的解放”这一概念很可能就会在未来扮演反意识形态的角色。

马克思和恩格斯有一个论断：人类历史的第一个前提是人的生命存在及其与自然的关系。在马克思看来，劳动是联系人和自然关系的纽带和中介，作为人的自由的、有意识的类活动，劳动“是制造使用价值的有目的的活动，

---

[1] 威廉·莱斯. 自然的控制［M］. 岳长龄，李建华，译. 重庆：重庆出版社，2007：150.
[2] 威廉·莱斯. 自然的控制［M］. 岳长龄，李建华，译. 重庆：重庆出版社，2007：149.

是为了人类的需要而对自然物的占有，是人和自然之间的物质变换的一般条件，是人类生活的永恒的自然条件”[1]。马克思还指出：“自然界同劳动一样也是使用价值（而物质财富就是由使用价值构成的！）的源泉。”[2]基于对马克思思想的体认，只有从劳动、财富和使用价值的角度出发，才能够正确理解人和自然之间的关系。马克思也正由此展开了对资本主义生产过程的现实批判。莱斯同样指出，在资本主义制度产生以前的社会，“自然主义”思维模式笼罩在人类社会的各个领域，而资本主义破坏了作为自然主义行为模式基础的所有社会基础。这正如启蒙运动的价值导向所涵盖的“世界的非神秘化”过程。而消除自然主义的范畴则意味着自然概念不再是限制人类活动范围的基础，由此就会造成自然和社会的对立与分离。因为当自然不再依附于特殊的直接利益时，它就日益成为研究、试验及无休止地应用于科学技术的普遍对象。在这一状况下，由于人类意识不再向外界投射自己去寻求自身行动规则的有效性和确定性，自然也就被完全当作了一种物质的运动系统，沦为人类理性征服的纯粹对象。事实上，正是资产阶级的意识形态将自然概念变成了一个有用性概念。在《1857—1858 年经济学手稿》中，马克思就曾深刻地揭露道：

> 只有在资本主义制度下自然界才真正是人的对象，真正是有用物；它不再被认为是自为的力量；而对自然界的独立规律的理论认识本身不过表现为狡猾，其目的是使自然界（不管是作为消费品，还是作为生产资料）服从于人的需要。[3]

---

❶ 马克思恩格斯文集：第 5 卷［M］. 北京：人民出版社，2009：215.
❷ 马克思恩格斯选集：第 3 卷［M］. 北京：人民出版社，2012：273.
❸ 马克思恩格斯全集：第 30 卷［M］. 北京：人民出版社，1995：390.

有鉴于此，马克思通过对资本主义生产运动的批判，揭示了征服自然作为一项资产阶级历史事业的政治含义：对自然界的征服本来就是资本逻辑的内在本性。

在《1844年经济学哲学手稿》中，马克思也曾深刻指出，"人是自然界的一部分"，"历史是人的真正的自然史"[1]。在马克思看来，人是自由的有意识的类存在物，究其原因，正因为人不仅将自然界视为自己的生活条件，也同时将其当作自身自由的有意识的生命活动的对象。因此，人只有在改造自然界的实践活动中，才能够证明自己是自由的有意识的类存在物，也只有通过全面的生产活动，才能够使自然界成为人类自身生命活动的作品与现实。而人作为类存在物，也只有在其所创造的世界中才能够直观到自身的存在。马克思将其喻为"自然界的真正复活"。在这里，"人同自然界完成了一种本质上的统一，即人的'自然的存在'对他来说直接就是他的'人的存在'，自然界则变成了'人化的自然界'"[2]。由此可见，人和自然的关系不同于动物和自然的关系，作为人和自然之间联系的中介，"人的生产是全面的"，"人再生产整个自然界"[3]，人的劳动及生产活动是不受物质需要影响的真正的生产，而"动物只是按照它所属的那个种的尺度和需要来构造，而人懂得按照任何一个种的尺度来进行生产，并且懂得处处都把内在的尺度运用于对象；因此，人也按照美的规律来构造"[4]。正是在此意义上，人重新复活了整个自然界，"自然界失去了自己的纯粹的有用性"[5]，人也就成了具有人的类

---

[1] 马克思．1844年经济学哲学手稿［M］．北京：人民出版社，2014：105.
[2] 张盾．马克思与生态文明的政治哲学基础［J］．中国社会科学，2018（12）：13.
[3] 马克思．1844年经济学哲学手稿［M］．北京：人民出版社，2014：53.
[4] 马克思．1844年经济学哲学手稿［M］．北京：人民出版社，2014：53.
[5] 马克思．1844年经济学哲学手稿［M］．北京：人民出版社，2014：82.

特性的全面而丰富的人。因此，自然从来都不应被单纯地视为人类通过科学技术手段征服和统治的对象。

马克思在《1844年经济学哲学手稿》中的相关思想，一直受到西方马克思主义学者的普遍重视。作为法兰克福学派的著名代表人物，马尔库塞在对马克思《1844年经济学哲学手稿》的解读中就明确地把“自然的解放”看作人类解放的一个领域，主张展开一场自然观与人类本能结构的双重革命，以便通过解放自然的方式来实现人的自我本质，从而克服现代资本主义社会的种种异化现象。作为马尔库塞的学生，莱斯继承并阐发了马尔库塞关于“自然的解放”的思想。莱斯指出：“控制自然的观念必须以这样一种方式重新解释，即它的主旨在于伦理的或道德的发展，而不是科学和技术的革新。”[1]那么，从这一观点出发，控制自然的进步将同时是解放自然的进步，“自然的解放”和“自然的控制”一样，都是人类历史思想进步中的合理观念，并在不同的历史发展阶段体现出不同的成就与价值。在莱斯看来，从控制自然到解放自然的这种过渡涉及人性的逐步自我理解和训导。作为一种合理的观念，“解放”这一概念只能应用于人类的意识活动，这就要求将人类的意识视为自然的一个方面，而不是将这一观念直接指向整体的“自然”，那么，“控制自然的任务应当理解为把人的欲望的非理性和破坏性的方面置于控制之下”[2]。这项努力的成功就是“自然的解放”，也是人性的解放，即人类在和平的状态下共同享受由自由自觉的劳动所创造的丰富而智慧的劳动成果。

---

[1] 威廉·莱斯. 自然的控制［M］. 岳长龄，李建华，译. 重庆：重庆出版社，2007：168.
[2] 威廉·莱斯. 自然的控制［M］. 岳长龄，李建华，译. 重庆：重庆出版社，2007：168.

这种寻求“自然的解放”的伦理进步，并不与科学技术的进步完全对立，而是处在一种相互依赖的关系之中。从这一观点出发，一方面，科学技术的进步是一切伦理进步的重要前提，它能够有效防止人类将不合理的结构投射到外部自然，反而被投射物所压制；另一方面，“伦理进步作为影响一切个人的普遍现象，是科学和技术革新的一个基本前提，因为没有前者，后者就会成为自我毁灭的”[1]。然而，在作为现代社会意识形态的控制自然的观念中，人类对自然的征服往往被视为自身理性能力向自然界的扩张，而科学技术则被看作人类谋求自身物质需要的工具。事实上，当我们不再把科学技术看作控制自然的主导力量时，它对于我们而言仍然十分重要。因为在控制自然的现代社会意识形态下，人类征服自然的行为总是不可避免地转化为对人的控制，甚至不断加剧着人类社会基于生存斗争的内部冲突。这就可能造成一种恶性循环，将科学技术束缚在持续扩张的控制和冲突的辩证运动中，使得原本以提升人类物质福祉为目的的对自然的控制，并不能实现它的美好前景，反倒因为这种“统治”或者“控制”破坏了作为控制工具的科学技术。基于以上考察，能够形成这样一种理解：“科学的真正使命不是控制自然，而是解放自然从而解放人本身。‘解放’作为科学的本意首先是一个精神性的目标，即人性的进步和人类意识的改变，而非仅仅改变外部自然。”[2]这就要求我们以符合生态正义原则的思维模式去发展科学技术，摒弃传统控制自然、统治自然及掠夺自然的行为方式，以尊重自然、保护自然的基本观念和态度创建人与自然和谐共生的生态文明社会。因为“人与自然是生命共同体，人类必须尊重自然、顺

---

[1] 威廉·莱斯. 自然的控制［M］. 岳长龄，李建华，译. 重庆：重庆出版社，2007：168.

[2] 张盾. 马克思与生态文明的政治哲学基础［J］. 中国社会科学，2018（12）：17.

应自然、保护自然。人类只有遵循自然规律才能有效防止在开发利用自然上走弯路，人类对大自然的伤害最终会伤及人类自身，这是无法抗拒的规律”[1]。

[1] 习近平. 决胜全面建成小康社会 夺取新时代中国特色社会主义伟大胜利——在中国共产党第十九次全国代表大会上的报告［M］. 北京：人民出版社，2017：50.

第三章

晚期资本主义社会架构下的“需要”问题

在《自然的控制》一书中，莱斯将人类控制自然的观念看作生态问题最为深切的根源，并通过对这一观念的历史探寻及科学、技术与控制自然关系的多重反思，联系到社会制度与意识形态等维度，揭示出隐藏在控制自然观念之中现时代最致命的历史动力之一：控制自然和控制人之间的不可分割的联系。基于这种认识，莱斯进而将对控制观念的考察与资本主义制度相联系，在莱斯看来，征服自然原本是现代社会资产阶级的历史事业，他们却通过权力平等与个人自由的意识形态宣导，遮蔽着少数人统治多数人的现实，将其描述为一项人类的社会事业，以此掩盖了资本主义制度的剥削本性及由此形成的新的控制形式，使得自然界完全沦为人类的有用物，触发了当代社会日益严重的生态危机。

1976年，莱斯又出版了《满足的限度》一书，将批判的触角进一步深入到资本主义的消费领域，在对需要、商品和满足之间关系的阐述中，从社会与自然的双重维度考察了当代社会高强度市场架构下人的需要问题。高强度市场架构正是晚期资本主义[1]社会的基本特征。在莱斯看来，“这一架构所提倡的生活方式依赖于无限度提高物质产品的消费水平”[2]，把人的需要完全导向了对商品的消费，忽视了自我实现的其他可能性。莱斯进而通过需要与

[1] “晚期资本主义”这一概念由比利时著名马克思主义学者欧内斯特·曼德尔在其《晚期资本主义》一书中提出，认为资本主义经过战后几十年的繁荣“长波”之后正进入其衰退“长波”。曼德尔的这一概念在当代激进左派的文献中被经常使用，意指20世纪后期以来因各种危机而陷入衰退的资本主义世界体系［张盾．马克思与生态文明的政治哲学基础［J］．中国社会科学，2018（12）：5］。

[2] 威廉·莱斯．满足的限度［M］．李永学，译．北京：商务印书馆，2016：前言2.

商品之间辩证关系的综合考察，揭示了消费主义意识形态对人自身、人类社会和自然环境所造成的损害，较为全面地构建了一个生态学马克思主义的需要理论。

第一节 消费主义与人类需要的蜕变

在《德意志意识形态》中，马克思和恩格斯将“生产物质生活本身”看作人类的第一个历史活动，也把满足人类对于吃喝住穿等需要的创造生活的活动视为一切历史的第一个前提。[1] 毋庸置疑，物质生活资料的生产占据着人类社会的基础性地位。几个世纪以来，现代工业文明的飞速发展为人类社会带来了丰富的物质财富，资本主义也正是在对生产力的极大促进中赢得了对以往旧制度的胜利。然而，随着资本主义工业化文明的不断推进，商品经济日益在人类社会的经济活动中占据了主导性地位，特别是20世纪初，“福特主义”生产制在西方发达资本主义世界的兴起，物质生活资料的生产已经成为资本谋求积累的基本方式。晚期资本主义社会也由此实现了从生产型社会到消费型社会的全面转变，使得消费主义社会思潮甚嚣尘上。

随着资本的全球化扩张，消费主义思潮渐而席卷全球，甚至构成当代社会整体文化风尚与意识形态的核心。与此同时，促进全方位的社会消费也成了化解产能过剩、防范经济危机及刺激社会生产，甚至克服资本主义生产矛盾的主要手段。但是，伴随着消费主义思潮的弥漫，一系列的社会后果和自

---

[1] 马克思恩格斯文集：第1卷［M］. 北京：人民出版社，2009：531.

然后果接踵而来，人类不得不对这一现象中呈现的相关问题加以重新审视。在《满足的限度》一书中，莱斯首先所关注的就是晚期资本主义社会的高消费理想将人类需要的满足完全导向商品领域，由此引发的一系列现实困境。在莱斯看来，这是“一些具有难度的问题，这些问题涉及单独抽出我们所在的社会的关键特点，这些关键特点是人们对我们的需要越来越感到困惑的原因”[1]。

一、个人层面：被发现的消费者与被创造的新需要

商品经济是当代社会的主流经济制度，这一制度下的生产活动主要表现为商品的生产。从根本上说，商品的生产就是消费品的生产，因为任何商品只有最终落实到消费活动中才能够实现价值的转换。当资本的积累方式转变为主要依靠生产商品时，资本本身也只有在经过消费的隘口才能够完成“惊险的跳跃”。正如马克思所言：“这个跳跃如果不成功，摔坏的不是商品，但一定是商品占有者。”[2]换言之，这个跳跃一旦不成功，资本增殖的目的也就无法实现，资本逻辑本身也将无法摆脱自行瓦解的命运。在《1857—1858年经济学手稿》中，马克思更明确指出了消费与生产之间的同一性关系，马克思说：

> 生产直接是消费，消费直接是生产。每一方直接是它的对方。可是同时在两者之间存在着一种中介运动。生产中介着消费，它创造出消费的材料，没有生产，消费就没有对象。但是消费也中介着生产，因为正

[1] 威廉·莱斯. 满足的限度［M］. 李永学，译. 北京：商务印书馆，2016：导论9.
[2] 马克思恩格斯全集：第44卷［M］. 北京：人民出版社，2001：127.

是消费替产品创造了主体，产品对这个主体才是产品。产品在消费中才得到最后完成……没有生产，就没有消费；但是，没有消费，也就没有生产，因为如果没有消费，生产就没有目的。[1]

进一步来看，消费活动的主体只能是现实的个人，只有个人对商品的购买与消费，才能承载起商品完成自身价值转换的任务，使得资本实现自身增殖的目的。因此，在商品经济主导的社会形态下，作为消费者的个人必然是最基本的构成要素，也是首要考察的对象。

在《满足的限度》一书开篇，莱斯首先通过引证一个简短的事例，进而剖析了当代社会的一件趣事，即发现“消费者”。简单地说，消费者之所以是有待发现的，则充分表明“消费者”本身并不是现实的存在，而是一种行为活动的后果。那么，在某种意义上，作为消费者或成为消费者的个人，并不是自我意志追求的结果，而是被自我之外的力量所牵引。当然，作为消费者的个人并不是传统社会中失去人身自由的奴隶，他们之所以被牵引到消费活动之中，必然存在着出于自身的原因。这个原因就是个人的需要，个人因为某种出于主体需要的目的而去购买满足自身需要的商品。在这一过程中，需要是源自主体的属性，而在主体需要的对面，用来满足需要的商品则是主体实现自身之需要目的的对象，它们在被纳入消费活动之前，都是绝对的他者存在。从历史唯物主义出发，人的活动是人自身本质力量的对象化，人的对象化活动需要在对象中实现自身，同时又要将对象纳入自身活动之中，这是一个主体的客体化过程，也是一个客体的主体化过程。

---

[1] 马克思恩格斯全集：第30卷［M］. 北京：人民出版社，1995：32.

那么，对于人们消费商品的活动而言，主体的需要在作为客体的商品中获得满足，客体理应承担起满足主体需要的功能。

然而，如果将问题落实到具体层面，需要本身也就成了一个特殊化存在，商品本身则表现出个别性特征。那么，应该满足的是何种需要，又是哪一种或者哪一类商品才能真正使得特定需要得到满足？这就在主体需要与客体商品之间出现了一条鸿沟。在这一鸿沟的跨越中，每一个行为及每一方都是具体的。一方面，除了人作为生命体得以维持存在的“物质交换”的必需品以外，超出生物学水平的需求强度、满足程度及特性，总是受制于先决条件，这些需要本身往往“取决于这样做对现行的社会制度和利益是否可取和必要”[1]。另一方面，任何感性的、心理的需要都来自主体自身的个别性，而人们又往往必须根据社会所提供的现有商品来诠释自身的需要，这就让依附于主体的个别性需要被来自客体的力量所支配，如此也就使消费者个人的需要意向变得不确定。正如马克思指出的，在以资本为基础的生产条件下，“产品只是在消费中才成为现实的产品……因此，产品不同于单纯的自然对象，它在消费中才证实自己是产品，才成为产品”。同样重要的是，“消费创造出新的生产的需要，也就是创造出生产的观念上的内在动机，后者是生产的前提”[2]。在马克思看来，生产在外部为消费提供了对象，而“消费在观念上提出生产的对象，把它作为内心的图象、作为需要、作为动力和目的提出来”。这就意味着消费创造出了主观形式上的生产对象，“没有需要，就没有生产。而消费则把需要再生产出来”[3]。这是因为，资本主义生产是追求剩余

---

❶ 赫伯特·马尔库塞．单向度的人——发达工业社会意识形态研究［M］．刘继，译．上海：上海译文出版社，2014：6.

❷ 马克思恩格斯全集：第30卷［M］．北京：人民出版社，1995：32.

❸ 马克思恩格斯全集：第30卷［M］．北京：人民出版社，1995：33.

价值的生产，必然要求通过“提高和发展生产力为基础来生产剩余价值，要求生产出新的消费……第一，要求在量上扩大现有的消费；第二，要求把现有的消费推广到更大的范围来造成新的需要；第三，要求生产出新的需要，发现和创造出新的使用价值”❶。因此，在资本主义经济活动中，一切社会需要及个人需要都是被创造出来、生产出来的，“生产不仅生产一定的消费资料（即使用价值），而且生产人的消费方式，甚至生产对这些产品的欲望”❷。

从对马克思思想的理解出发，在《单向度的人——发达工业社会意识形态研究》一书中，马尔库塞指出，当代工业文明已经进入了新的阶段，不能再用传统的经济、政治和思想自由来恰当定义当代社会，相应于人类社会的新变化，人类的需要也必然要有新的实现方式。由此，马尔库塞进一步区分了“真实的需要”与“虚假的需要”。马尔库塞指出：“为了特定的社会利益而从外部强加在个人身上的那些需要，使艰辛、侵略、痛苦和非正义永恒化的需要，是‘虚假的’需要。”❸这些需要体现着社会性功能，譬如根据广告的指引来消费、放松、娱乐，以及爱别人之所爱、恨他人之所恨的东西，等等。在马尔库塞看来，这些需要的满足受制于主体之外的因素，被个人不能控制的外在力量所决定。然而，怎样的需要又是真实的需要，怎样的需要又是虚假的需要，只有作为消费者的个人才能够回答这类问题。当消费者面对琳琅满目的商品时，消费活动本身就已将其带入了选择性困境。在这一活动过程中，正如埃利希·弗洛姆所言：

❶ 马克思恩格斯全集：第 30 卷［M］. 北京：人民出版社，1995：388.
❷ 张盾. 马克思的六个经典问题［M］. 北京：中国社会科学出版社，2009：130.
❸ 赫伯特·马尔库塞. 单向度的人——发达工业社会意识形态研究［M］. 刘继，译. 上海：上海译文出版社，2014：6.

> 每个企业都想打开销路从而占领更大的市场。这种经济状况造成的结果是，工业生产部门尽量使用一切手段来刺激人们的购买欲，产生并加强那种有害于精神健康的接受倾向。正如我们所看到的，这种购买欲急于买到新的但并不需要的东西，不断地想购买更多的东西，虽然从人性的角度看，对物品的真正使用并不需要什么新的产品。[1]

作为马尔库塞的学生，莱斯充分吸收了马尔库塞对“虚假的需要”的阐释及其他西方马克思主义者对异化消费的批判，通过透辟入里的分析与反思，进而揭示了消费活动中消费者个人与消费对象之间的距离。莱斯指出：“在膨胀的市场经济中，个人面对的是商品与服务持续增加的花色品种，所有这些据称都与他的需要或愿望有一定的关系。”[2]然而，当人们在对纷繁多样的商品与服务作出选择时，却又往往处身于根据市场上现有的商品来诠释自身需要的状况，如此，作为消费者的个人也就不可避免地被抛入了诸多两难处境。在莱斯看来，越来越多的人开始在高强度市场架构下史无前例的宏大商品潮流中寻求自身需要的满足，但是，当我们对当前的状况加以仔细审视，就会有一些重要的问题浮现出来，诸如“个人对商品的构成缺乏足够的知识和‘常识性判断’；产品在使用中有对使用者造成生理与心理损害的危险；由于时间不足而使选择质量下降；个人的欲望本身目标并不明确等”[3]。

首先，面对种类繁多、数量庞大的商品，在高消费的生活方式中作为消

---

❶ 埃利希·弗洛姆. 健全的社会［M］. 欧阳谦，译. 北京：中国文联出版公司，1988：340.
❷ 威廉·莱斯. 满足的限度［M］. 李永学，译. 北京：商务印书馆，2016：13.
❸ 威廉·莱斯. 满足的限度［M］. 李永学，译. 北京：商务印书馆，2016：15.

费者的个人不可能拥有特定商品的充足知识。在这种状况下，随着个人在整体消费活动中不断增加的时间与资源的消耗，消费者个人对于自身特定欲望的漠视也会与日俱增。虽然不论在任何形态的社会架构中，人们都将要面临如何匹配主体自身需要与满足需要的对象的问题，但是，在当代高强度市场架构下，作为消费者的个人在开始这个匹配之初，就已受到不断将自身需要的导向牵引到持续扩大的商品阵列之中的刺激与鼓励。那么，如果想要在其中作出合适的判断与选择，我们就需要掌握有关商品的质量或特性的知识，如此才能确定哪一种商品能够用来满足自身的需要。但是，消费活动本身的变化多端及商品制作的专业化，让个人在有限的精力、能力与时间中去获得如此繁芜庞杂商品的充足知识，几乎是一件不可能完成的事。事实上，就商品本身而言，正如马克思所指出的，作为一种新的劳动方式的产品，可能要去满足一种新产生的需要，也或者要去唤醒一种需要，但是“某种产品今天满足一种社会需要，明天就可能全部地或部分地被一种类似的产品排挤掉”[1]。消费活动本身就是一个万物皆流、无物常驻的状态，“一些事物今天看来还是人们不可须臾离开的，但第二天就被认为无法深刻地激发消费的渴望源泉而惨遭抛弃，为其他事物让位”[2]。这就使得作为消费者的个人迷失在商品与自身需要的迷雾中，从而表现出这样一种现象：“一个可能并不喜爱自己职业的人，往往会为消费名牌商品而努力工作以满足自己的需要，但名牌商品是不断变化的，随着时尚带头人在市场确定的流行趋势，一会儿失去魅力，一会儿又有了魅力。”[3] 在这一状况下，人们只好将满足需要的愿望

---

[1] 马克思恩格斯全集：第44卷［M］. 北京：人民出版社，2001：127.
[2] 威廉·莱斯. 满足的限度［M］. 李永学，译. 北京：商务印书馆，2016：17.
[3] 本·阿格尔. 西方马克思主义概论［M］. 慎之，等译. 北京：中国人民大学出版社，1991：476.

寄托于广告商或其他消费者提供的说法。在此意义上，个人的消费行为也就必然要受制于外在力量的支配，他们的消费活动本身则往往处在随机性选择中，体现于消费活动中的需要也就成了“虚假的需要”，而那种试图从持续提高的产品更替速率中确定流行市场架构中欲望的企图，也就体现为一些浅薄或无用的谬见。

其次，处身消费活动中的个人在不同程度上遭遇着生理和心理的双重损害。一方面，“为避免自己的健康因消费行动受到危害，人们在应用个人或手工技艺知识进行市场选择方面的能力越是低下，他们就越有必要得到这样的知识”[1]。但是，随着科学研究与技术应用的不断提高，市场上的商品早已被人工化合物所充斥，其中更是包含着有害物质，人们在对类似商品的使用中需要仔细斟酌甚至专门训练，而作为消费者的个人却很难达成对于充足知识的掌握，这些不当的选择与使用往往会给人带来实质性的危害，以至于直接损害到个人的身体健康。虽然一些和人的身体有关的商品，在投入市场之前也会在别的动物身上进行相应的机体试验，但这并不能保证能够收集完备的信息。尤其当一些化合物进入自然生态系统，还有可能埋下潜在而不可预见的长远危害。纵观当代科学与技术的发展，诸如在基因技术、人工克隆等试验中的技术应用，当人们在争议它们是否符合科技伦理时，更为深远的忧虑却是担心类似新技术的应用可能带来的失控风险。事实上，对于更多人工合成物的使用，人类本身也将不可避免地承担试验者的功能，诸如化妆品引发的健康问题、食物添加剂与儿童多动症存在的关系、配方药对人体器官的损害及化学品的致癌，等等，消费者总是面临被不同类型和程度的现

[1] 威廉·莱斯. 满足的限度［M］. 李永学，译. 北京：商务印书馆，2016：17.

实危害包裹的命运，“人们将继续在个人知识不足的情况下进行自我生理过程实验”[1]。另一方面，高消费生活方式所固有的心理危险并不低于其生理危险。作为消费者每日里都被众多的商品广告所包围着，即使只有其中一小部分对自己产生了影响，但是这些信息的数量都可能会扰乱自身行为的协调。无论个人如何坚信不受广告的干扰，他们的购物模式也并不存在多少不同，因为“没有哪个人有可能独自完成一个复杂市场让他产生的渴望的全部实验；因此生产厂商将消费者总体视为由‘先驱者’与‘羊群’组成的群体”[2]。事实上，我们每个人都可能在生产商的广告信息中成为某种产品使用的先驱，以这样或那样的方式加入被驱动的群体中，成为生产商牟利的试验品。与此同时，随着各类满足人们需要的商品数量的持续增加，人们的需要本身也随着产品数量的增加而不断分解，以至于人们需要的每个方面都倾向于分解为越来越小的组成部分，人们越来越难以将这些组成部分组合成完整人格下一致的需要整体。莱斯将这种需要的分解同时看作人性的分解，在这一状况下，人们对待自己身体的方式，就好像对待那些由不同组成部分制成的物品，作为消费者的个人成为一个柔顺的模具，自身的人格与人性被各种信息的混合不断地重塑着。

再次，由于个人需要在消费活动中被不断分解，为了保持自我身份与人格的完整，又不得不付出更大努力去满足业已分解的需要，这就需要足够的时间，但个人时间的有限又往往降低选择的质量。俗话说“欲壑难填”，在对个人需要和欲望的阐释中，这只是一种抽象的表达。当个人处身于高强度市场架构的消费活动时，种类多样且数量庞大的商品却通过诱导具体需要

---

[1] 威廉·莱斯．满足的限度［M］．李永学，译．北京：商务印书馆，2016：18.
[2] 威廉·莱斯．满足的限度［M］．李永学，译．北京：商务印书馆，2016：19.

的方式，全面打碎了个人的感官状态，消费者的需要本身也由此被不断地分解为越来越细小的部分，这就使得个人具体需要的数目不断膨胀。与此同时，市场上的商品通过广告等媒介不断鼓动着人们去重新组合这些碎片化的需要，消费者误以为自身的全部需要能够在消费活动中趋向“完整”，以为所追求的需要的满足就是自身需要的有机统一，但是每一个具体的消费活动所指向的只是商品本身的性质。另外，当消费者个人在将各类商品纳入满足碎片化需要的消费活动时，因为个人精力与时间有限，难免造成个别环节的疏忽，这又必然要求消费者不得不投入更多的时间去完善碎片化的消费环节。因此，在莱斯看来，高强度市场架构下的消费活动就是一个不断消耗个人时间的过程。在资本逻辑的主导下，“无拘束的经济是一位专横的骑手：生产和消费是它的一对双生马刺，它用这对马刺去测那些它召来为之服务的人们，而人们可自由支配的时间也在那些被它在狂奔中践踏的许多纤巧物品之列”[1]。处身于高强度市场架构下消费活动中的个人，正是马尔库塞所谓的“单向度的人”。他们不再可能以合理的批判性的思维来考察自身的需求，而只能一味沉陷在对“虚假的需要”的不断追求中，成为虚假意识形态的牺牲品。马尔库塞说：“无论这些需要有多少可能变成个人自己的需要，并由他的生存条件所重复和增强；无论个人怎样与这些需要相一致并感觉到自己从中得到满足，这些需要始终还是它们一开始那样——要求压制的势力占统治地位的社会的产物。”[2]在这样的消费活动中，人们对于自身物质需要满足的努力却使得自身淡漠了对自由的追求，以及对

[1] 威廉·莱斯．满足的限度［M］．李永学，译．北京：商务印书馆，2016：21.
[2] 赫伯特·马尔库塞．单向度的人——发达工业社会意识形态研究［M］．刘继，译．上海：上海译文出版社，2014：6.

现实生活的必要反思和批判，甚至导致人的精神境界的低下与人格的缺失，只是更多地沉陷在追求满足“虚假的需要”的消费活动中，而市场上日趋多样化的商品却带着为生产者牟利的目的，通过广告的簇拥进入个人的日常生活中。

最后，面对纷繁复杂的商品及欲望的永无止境，消费者个人并不能明确自身欲望的目标。在高强度市场架构下，广告是最具决定性的因素之一，生产商和服务商通过大量的广告宣导，吸引人们持续步入消费洪流。由于广告等种种外界的诱导及个人对于商品特性的认识不足，处身于消费活动中的个人对自身需要与满足需要的手段之间的关系感到困惑。这是因为作为消费者的个人在广告中所体验到的往往是经过多层商品组成的筛子过滤后的东西，当他们被广告所引导时，自身的需要和欲望也就与市场上的商品连为一体，由各种信息组成的网络系统替代了事物本身的复杂形象，使得消费者个人自身需要和欲望的目的变得模糊不清。在这种状况下，人们与其说消费着商品的物质属性，不如说所消费的只是市场上流行的各种信息。当然，尽管现代广告业是人们对自身需求产生困惑的关键性因素，但仅仅从这种外在性视角审视个人欲望和需要的不确定，并不能构成充分的理由。更为重要的是，对应于高强度市场架构下种类繁多、数量庞大的商品，人类的欲望或需要本身也是无法满足的。退一步看，即使在具体的消费活动中，一些人偶尔能够获得他们所欲求的商品，但正如现代社会学的重要理论所诠释的，“人类的需要和欲望是无止境的，因为人类具有在满足既有欲望的同时不断创造新欲望的能力”[1]。因此，在这种状况下，“无论我们的社会可能变得何等富足、其

[1] 张盾．马克思与生态文明的政治哲学基础［J］．中国社会科学，2018（12）：20.

生产力何等发达，我们总会要求得到更高的生产率和更大数量的商品”[1]。这就使得高强度市场架构下的生产与消费活动陷入了现实的两难境地，想要具体说明欲望或需要与商品的生产和消费之间关系的本质，以及它们在消费者的日常活动中起作用的方式就会变得异常困难。因此，在这一架构下，作为消费者的个人也就陷入了错误诠释自身欲望或需要及满足手段之间关系的危险。“人们不断地根据市场经济的扩大重新诠释他们的需要，让欲望变得越来越不一致，欲望的目标越来越不清楚、越来越不易辨认。”[2] 正如艾伦·杜宁在相关问题上的批判：“消费者社会不能兑现它的通过物质舒适而达到满足的诺言，因为人类的欲望是不能被满足的。人类的需要在整个社会中是有限的，并且真正个人幸福的源泉是另外的东西。”[3]

二、社会层面：商品与“负商品”的双重匮乏

在高强度市场架构下，持续地增加商品的供给往往是压倒一切的社会目标，这是由这一市场架构下生产活动本身的目的所决定的。高强度市场架构是资本主义经济制度的典型特征，这一生产模式下的一切生产活动必然屈从于资本追求自身增殖的目的，而这一目的的实现必然需要持续地增加商品的供给。在《资本论》中，马克思说：“资本主义生产方式占统治地位的社会的财富，表现为‘庞大的商品堆积’。”[4] 在马克思看来，商品原本是依靠自身属性来满足人的需要的外在物，不论是作为生活资料还是作为生产资料，

---

[1] 威廉·莱斯．满足的限度［M］．李永学，译．北京：商务印书馆，2016：27.
[2] 威廉·莱斯．满足的限度［M］．李永学，译．北京：商务印书馆，2016：30.
[3] 艾伦·杜宁．多少算够——消费社会与地球的未来［M］．毕聿，译．长春：吉林人民出版社，1997：27.
[4] 马克思恩格斯文集：第5卷［M］．北京：人民出版社，2009：47.

都是一种使用价值。使用价值是构成一切财富的物质内容，它需要在使用和消费活动中得以实现。但是，在资本逻辑所主导的社会形式中，使用价值却成为交换价值的物质承担者，商品本身的质的规定性被量的规定性所主导，商品生产的导向也就不再直接指向于人的需要，而是在资本逻辑的促使下成为一个自身不断膨胀的系统。基于对马克思思想的理解，莱斯进而指出，在商品供给持续增加的进程中，“当全球市场经济增长到了现在比较富裕的工业国家中流行的那种程度时，公众对资源和能源的可能匮乏的担忧就变成了日常生活中众所周知的问题”[1]。

在这一状况下，人类社会将不可避免地面临着两种无法补救的匮乏：囿于自然资源的有限性造成的匮乏和囿于生物圈有限的吸收能力造成的匮乏。在莱斯看来，一方面，持续增加的商品生产必定不断地增加对自然资源的消耗与自然环境的占用，不论源于自然资源的有限性，还是人类社会的不合理应用，都必然引起自然资源取用的匮乏；另一方面，材料和能源在生产与消费过程中难免产生过量“剩余品”，诸如各种气体、悬浮粒子、固体废物，以及在商品的生产和使用中对大气、水资源的污染等，使得自然界变成了人类的废物倾倒场所，而自然环境的循环再生和生物圈的吸收能力的有限性，必然又带来处理“负商品”的匮乏。

在考察有限自然资源的匮乏层面，莱斯首先指出了一个人类社会与可用资源之间关系的两难处境：“或者大自然没有赋予我们这颗星球以足够丰裕的资源，或者我们当前的手段尚不足以让我们得到足够的资源。”[2] 前一种观点以肯定匮乏的绝对性为前提，在这种观点看来，自然资源的有限性是

---

[1] 威廉·莱斯. 满足的限度［M］. 李永学，译. 北京：商务印书馆，2016：32.
[2] 威廉·莱斯. 满足的限度［M］. 李永学，译. 北京：商务印书馆，2016：33.

人类生产活动的绝对界限。后一种观点强调匮乏的相对性，属于科学技术的乐观主义者持有的态度，从这种观点出发，只要科学技术能够持续进步，人们就可以从大自然中获得足够的资源。在他们看来，自然资源的匮乏只是相对于人类的开发手段，相对于人类社会由科学技术所主导的生产力而言。因此，问题的关键不在于自然资源的匮乏本身，而在于如何促进科学技术的发展及其应用，通过生产力的不断进步就能够克服相关的匮乏问题。但是，在莱斯看来，无论从这种困境的哪一方面出发，都不足以形成充分认识。

莱斯指出："我们或许可以从另一个视角出发，认为资源本身足够丰富，但由于人们对其以挥霍无度、不公正与不合理的方式分配，因此才造成了匮乏。"[1] 从这一观点出发，对社会制度的改进和调整，以及对人们消费观念的变革才是问题的关键。这种观点着意于人类社会自身，力图通过人类社会主体层面的行为方式的改变来处理人和自然的关系，希望通过主体自身及其关系的重塑来克服与此相关的匮乏问题。基于这种理解，匮乏既是相对的，又是绝对的，匮乏的绝对性在于资源的存在（至少在地球这个星球上）是有限的，不可能有无穷无尽的资源来供人类取用，而其相对的意义则在于，匮乏也建立在人类取用方式本身，只要人类能够以更好的方式处理人和自然的关系，那么匮乏本身并不能构成对人类社会的绝对威胁。

将自然资源的匮乏问题联系到一定社会形式，匮乏本身也就成为一种复杂的相互关系。在莱斯看来，人们对于自身需要的表达总是处于一定的社会形态，并不是自始至终一成不变的，人们物质欲望的表现形式并不能脱离特

---

[1] 威廉·莱斯. 满足的限度［M］. 李永学，译. 北京：商务印书馆，2016：33.

定的社会发展阶段，作为人类满足欲望对象的自然资源及其整个自然界，也并不能脱离人类社会而独立存在。那么，匮乏本身就不是资源与欲望之间的简单关系，而是一种复杂的相互关系。它一方面关涉着社会中相互作用的特定状况，即关涉着一定的社会形式或生产关系中人类需要问题本身；另一方面又植根于一定社会形式下人和自然的关系，即自然环境和资源在何种意义上作为满足人类需要的对象问题。

在人和自然的关系方面，正如卢卡奇所言，“自然是一个社会的范畴”[1]；施密特也曾强调，与自然相关的“物质的概念是从自然科学的历史过程中不断丰富起来的，这个历史过程极为密切地和社会实践的历史结合着”[2]。单纯地看，自然界被当作物质取用的固定对象，虽然受制于物质自身结构的约束而有着自身的规律，但离开人的实践活动，独立于人类社会和历史的自然界，“被抽象地理解的，自为的，被确定为与人分隔开来的自然界，对人来说也是无”[3]。基于这种理解，人类实践活动中的自然打上了人类主体的烙印，同样受制于历史的、社会的约束。如果仅仅把自然资源的匮乏看成绝对的、永久的，从而将匮乏的根源归因于大自然并没有赋予我们以足够的资源，这就显然割裂了自然和社会的联系。当然，正如本书第二章所言，这正是基于人与自然主客二分思维的人类中心主义者持有的观点。在这一思想框架下，自然界是人类感性直观的对象，在现代工业文明的大潮中彻底沦为了人类社会的有用物，“作为满足人的不可满足的欲望的材料来加以理解和

---

[1] 卢卡奇．历史与阶级意识——关于马克思主义辩证法的研究［M］．杜章智，等译．北京：商务印书馆，1996：203.

[2] A．施密特．马克思的自然概念［M］．欧力同，吴仲昉，译．北京：商务印书馆，1988：28.

[3] 马克思恩格斯全集：第3卷［M］．北京：人民出版社，2002：335.

占用”❶。那么，随着人类物质要求的急速增大，也就将作为消费者的个人推入了满足与不满足的模糊深渊，即使可供选择的商品数量异常庞大，匮乏的威胁也会随着人们欲望的无止境增加，而成为当前社会的永恒特征。莱斯指出，事实上，“如果我们将匮乏视为我们的欲望和能力之间的不一致，我们就能够理解匮乏会与社会财富和生产力同时增加的可能性”❷，那么，匮乏本身就只是手段与目的之间关系的结果。

进一步考察处于一定社会形式中的人类需要问题，则更关涉着复杂而微妙的相互作用。莱斯指出：“为使我们的社会赖以生存的无数日常交流变得更为流畅，这一社会要求人与人之间有更高程度的相互尊重。”❸然而，怎样才能保证这样一种相互尊重呢？莱斯进一步指出，我们能够假定社会成员在他们的一生中，已经通过自我的内省反思和充分的社会教育，发展出了个人的自我身份认同与相互尊重。但是，在高强度市场架构下，一个典型的特征是，个人身份的认同与相互尊重总是需要通过对商品的购买和消费才能够确立。因此，在社会等级次序的现实状况中，相互尊重的现实过程总是不可避免地与商品导向的社会化过程紧密联系，人们普遍认为：“每种商品都有与之结合的需要；如果无法购买这种商品，他们就根本不会有任何满足这种需要的希望。”❹在《消费社会》一书中，鲍德里亚也曾指出，在当代高消费的社会状态下，“每个社会关系都增添着个体的不足，因为任何拥有的东西都在与他人比较的时候被相对化了”❺。因此，在高强度市场架构主导的消

❶ 威廉·莱斯. 自然的控制［M］. 岳长龄，李建华，译. 重庆：重庆出版社，2007：序言 7.
❷ 威廉·莱斯. 满足的限度［M］. 李永学，译. 北京：商务印书馆，2016：34.
❸ 威廉·莱斯. 满足的限度［M］. 李永学，译. 北京：商务印书馆，2016：36.
❹ 威廉·莱斯. 满足的限度［M］. 李永学，译. 北京：商务印书馆，2016：36.
❺ 让·鲍德里亚. 消费社会［M］. 刘成富，全志钢，译. 南京：南京大学出版社，2001：57.

费社会，一种普遍的“匮乏心理”成了人们日常生活的常态，无论怎样增加商品的供给也都无法使之减轻。因为商品本身即表现为相对稀缺的物品，当个人需要的满足完全被商品的范围所限定时，那么匮乏的可能性也将随着商品的数量而持续膨胀，商品的种类也就成了匮乏意识的种类。在这种社会状态下，即使社会生产力的发展能够带来越来越多的物质财富，也始终无法解决社会财富的不断增加与个人匮乏不断强化之间的持续矛盾，这使得社会本身陷入普遍匮乏的两难境地。正如弗洛姆指出的，当代资本主义的高消费社会，“除了造成经济上的损失以外，还产生了一种重要的心理影响：使得消费者不尊重劳动和人创造的成果，它使消费者忘记了在他自己的国家和更贫穷的国家中还有许多衣食不济的人，他所浪费的东西对这些人就可能是最珍贵的东西；总之，我们浪费的习惯表明，我们幼稚地无视人类生活的现实，无视人类生存所必须的经济斗争”[1]。

在生物圈有限的吸收能力造成的匮乏层面，首先涉及的是关于“负商品”的处理问题。我们知道，生产和消费商品总会产生一定的剩余物，而这些剩余物需要在自然环境的循环中处理，当这些物质的数量足够巨大，以至于人们无法使用较为合适的方式安全而便利地清除时，就会形成与生产和消费商品相关的大量“负商品”。一方面，处理“负商品”会提高商品的生产成本，增加的成本要么直接转嫁在商品的价格上，要么通过增加公共开支进行处理。另一方面，“为避免让这些危险的残渣随便倾倒进入环境造成严重的健康问题，社会必须通过各种制度响应来承担管控负商品的责任”[2]。这就

---

[1] 埃利希·弗洛姆．健全的社会［M］．欧阳谦，译．北京：中国文联出版公司，1988：340-341.

[2] 威廉·莱斯．满足的限度［M］．李永学，译．北京：商务印书馆，2016：38.

需要制定必要的管控措施，引导人们提高对商品的利用，以此限制“负商品”的可能危害。然而，日趋复杂的现代工业化过程及大量出现的新化合物的使用，使得人们越来越难以掌握足够的知识来加以应对，这就产生了与“负商品”的处理问题相关的匮乏现象。尤其当社会面临新的经济衰退时，各种政治的、经济的因素又往往会直接影响管控制度的实施，以至于让具体的环境政策形同虚设。事实上，控制各种“负商品”的环境标准本身就制定于科学知识和政治权宜的相互促进中，当经济问题才显现出一点迹象时，人们就开始呼吁放松环境问题上刚刚制定的最低警戒线。因此，在高强度市场结构下，不能指望个人主动认识商品与“负商品”之间的关系，并在此基础上重新评估他们的欲望。

在“负商品”匮乏问题的考察中，莱斯还着意剖析了生产工人在高污染化合物生产活动中的现实遭遇，以及跨国公司向欠发达国家转移高污染生产等问题。莱斯指出：“迄今为止，公众已经反复争论过石棉、铀和氯乙烯一类物质在许多不同产业中对生产工人的致癌作用与其他作用。”[1]但是，这同样是一个较为复杂的问题，当人们有了足够的证据来处理时，或者因错过了时机而早已引发了现实的危害，或者又不得不为减轻问题的严重性去付出更为巨大的代价。正如马克思指出的，在资本主义经济制度下，“一切社会生产能力都是资本的生产力，因此，资本本身表现为一切社会生产能力的主体”[2]。在这一生产模式下，生产工人本身就是资本逻辑支配下的雇佣劳动者，不但无法实现自我的劳动价值，也更不可能较为全面地顾及谋生压力下的健康问题。关于跨国公司转移高污染生产的考察，莱斯的论述涉及对“生

---

❶ 威廉·莱斯. 满足的限度［M］. 李永学，译. 北京：商务印书馆，2016：39.
❷ 马克思恩格斯全集：第 30 卷［M］. 北京：人民出版社，1995：587.

态殖民主义”的初步批判。事实上，自20世纪70年代以来，发达资本主义国家在经济危机和生态危机的双重压力下，依靠自身的技术优势，不断将高污染企业大规模向发展中国家转移，在对外输出资本和技术的同时，也不断将生态环境危机向发展中国家输出，资本的全球化过程同样伴随着生态危机的全球化。正如莱斯指出的，诸如石棉这样的高污染产品，制成品几乎完全在工业化社会中消费，生产国的居民却因为经济利益的原因承受着环境风险。发达国家的人们在享用商品的同时，却将生产的剩余物及“负商品”对环境的影响转移到了发展中国家，这就构成了一种对发展中国家人民的生态剥削。

三、辨析消费主义社会的政治理念

通过对个人与社会层面的相关考察，莱斯进而指出，我们还需要考虑人类与人类之外的自然之间的关系。如果忽视了社会的第三维度，即每一个人类社会组织都隐含着与人类以外的自然世界的关系，也就无法充分理解任何社会环境，包括现代工业化社会高强度市场架构下人类需要问题的基本特征。因为在现代工业社会中，人们对自然资源的要求越高，也就越依赖于自然进行自我调节的能力。但是，现代工业文明的发展却使得一种“征服自然”的观念根深蒂固，在这一观念的支配下，人类似乎漠视了地球上其他生物体的利益，“非但没有试图去了解我们对于生物圈再生能力的依赖，反而越加陶醉于我们不再受到前现代时期的人类所受到的种种限制”[1]。在莱斯看来，对自然需要的考虑和对我们自身需要的考虑同样重要，如果忽略了对它们的关注，人类或许将在不可预知的自然后果中付出沉重代价。

---

[1] 威廉·莱斯．满足的限度［M］．李永学，译．北京：商务印书馆，2016：42.

在人类与人类之外的自然世界关系的考察中，莱斯延续了《自然的控制》一书的基本立场，首先分析了现代历史中较有影响的对自然的态度。莱斯指出，“自十七世纪以来，最强大的思想潮流之一就是坚信：人类应该而且将会通过现代科技的进步‘征服’自然”[1]。这一观念充斥在社会各个领域，甚至成为人们普遍持有的信念，使得征服自然的活动被看作人类社会的共同事业。这一活动最为实际的目的就是使人类摆脱自然的束缚，克服物质生活的窘迫，满足人类在迄今为止无法梦想的范围内想要实现的愿望。

征服自然的观念作为一种世俗的想法，根源于西方传统宗教与哲学中精神绝对统治物质，以及人类独自享有统治其他生物的思想。在《自然的控制》一书中，莱斯详细考察了人类征服自然的观念如何成为现代社会意识形态的演变。莱斯指出，人类征服自然的观念以自然和社会在方法上的分离为基础，这种分离原本像人类社会一样古老，只是到了现代西方社会才提升为一种意识形态。在这一观念的演变中，西方传统宗教思想发挥了积极作用，尤其是占主导地位的犹太—基督教教义一直“保持着‘精神’与自然相分离并且从外部统治它”[2]的基本思想，而这正是人类征服、控制自然观念的重要来源。到了文艺复兴晚期，作为全部“经验哲学家的首领”[3]，培根通过对科学功能“清白性”的论证，实现了控制自然观念的世俗化转向，使之发展成为现代社会占支配地位的意识形态。但是，这一观念的世俗化却掩盖了一个根本缺陷，以为人类对自然的控制能够完全受制于自身理性。然而，人类现实的历史过程却总受制于非理性因素的约束。一方面，正如《自然的

[1] 威廉·莱斯．满足的限度［M］．李永学，译．北京：商务印书馆，2016：43.
[2] 威廉·莱斯．自然的控制［M］．岳长龄，李建华，译．重庆：重庆出版社，2007：26.
[3] 黑格尔．哲学史讲演录：第4卷［M］．贺麟，王太庆，等译．上海：上海人民出版社，2013：18.

控制》一书中所揭示的，人类征服自然的观念之中“隐藏着现时代最致命的历史动力之一：控制自然和控制人之间的不可分割的联系”[1]。另一方面，征服自然的主要目的之一是要最大限度地为满足人类的欲望提供可供选择的物品，但是，人类欲望本身的无法满足及由此形成的永久匮乏，却植根于社会本身，这就使得征服自然的活动既没有确定的目的，也没有必然的终点。在这一过程中，人类对自然征服能力的提升和自身欲望的膨胀同步增加，作为一个原本无法将自己的行为置于理性控制之下的物种，却以为通过理性的科学技术就能够实现对人类之外自然的全面控制。事实上，现实的人作为个体的存在无时无刻不受着激情与欲望等非理性因素的影响，在人类征服自然的活动中，科学技术的理性主义最终难免落入社会矛盾的非理性罗网。在莱斯看来，“征服自然和欲望永无满足这些理念是一种具体的、发展的社会实践的抽象表达”[2]。在这些观念的支配下，自然被完全视为人类欲望的支持体系，人和自然的关系的唯一原则就是将自然看作满足人类需要的物质集合。

正如《自然的控制》一书再版序言中所言：“尽管‘掌控自然’本身不是资本主义的‘产物’，但是该观念与资本主义相当契合。”[3]在《满足的限度》一书中，莱斯基于对马克思思想的理解，更为深入地剖析了资本主义工业文明推动下的人类征服自然的真实内涵。在《1857—1858年经济学手稿》中，马克思鲜明地指出：“只有在资本主义制度下自然界才真正是人的对象，真正是有用物；它不再被认为是自为的力量；而对自然界的独立规律的理论认识本身不过表现为狡猾，其目的是使自然界（不管是作为消费品，还是作

[1] 威廉·莱斯. 自然的控制［M］. 岳长龄，李建华，译. 重庆：重庆出版社，2007：序言6.
[2] 威廉·莱斯. 满足的限度［M］. 李永学，译. 北京：商务印书馆，2016：46.
[3] 威廉·莱斯. 自然的控制［M］. 岳长龄，李建华，译. 重庆：重庆出版社，2007：再版序言8.

为生产资料）服从于人的需要。”[1]从马克思的观点出发，“把自然的概念变成一种有用性概念，是资本主义特有的价值观”[2]，征服自然本身就是资本的一种内在属性，人类征服自然的活动也就成了资产阶级的一项历史事业。在资本主义工业文明的推动下，“人们逐步开始把自然视为一个纯粹的物质体系，它通过普适的原理运行”[3]。这一过程的结果就是抛弃了以往的自然崇拜形式，摒除了政治正当性基于自然秩序的观点，不再把自然视为具有自身意志的存在。

基于这种观点，人类成了宇宙中唯一具有意志的实体，通过科学技术征服自然来服从自身的意志，也就显得理所应当，一种纯粹的功利主义观点成为人类面对自然的唯一态度。在这一思想框架下，自然界不再是自为的力量，仅仅被视为人类感性直观的对象，在现代工业文明的大潮中彻底沦为人类社会的有用物，用来满足自身不可满足的欲望的材料来加以理解和占用。从对马克思相关思想的理解出发能够认识到，在资本主义世界，“功利主义和实用主义不仅是经济生产的原则，而且是人们体验整个现代社会的主导方式，每个人都以这种方式来生活，经济学家则以这种方式来思考”[4]。功利主义与实用主义原则同样也是消费主义社会政治理念的根本特征。

基于以上分析，莱斯进而指出，这种功利主义的观点是某种为满足需要而有意识组织的活动，其本身就是人类进化过程中的一个重要因素。然而，在前现代社会，万物有灵、神圣崇拜等观念在不同程度上限制或禁止了

---

[1] 马克思恩格斯全集：第 30 卷［M］．北京：人民出版社，1995：390.
[2] 张盾．马克思与生态文明的政治哲学基础［J］．中国社会科学，2018（12）：12.
[3] 威廉·莱斯．满足的限度［M］．李永学，译．北京：商务印书馆，2016：47.
[4] 张盾．马克思的六个经典问题［M］．北京：中国社会科学出版社，2009：118.

功利主义的蔓延。在资本主义实践中，随着科学技术的进步和控制自然观念的世俗化转向，以往的限制不再有效，由此引起人类认识形式与活动方式的全面改变，自然界渐而被人类当作能够不断从中获取资源的储藏室。在莱斯看来，这种将自然界视为人类资源储藏室的功利主义思想，仍然与培根的著作有着紧密联系。培根将根源于人类本性的进取精神，或者说野心，分为三类：个人的、国家的和物种的。在培根看来，“第一种野心代表了对个人拥有的权力、地位和财富的竞争，这一竞争是在某个特定社会内的人与人之间进行的；第二种野心是在民族与国家的国际社会中争夺领先地位的斗争，通过商业与战争争取；而第三种是人类征服自然的普遍追求”[1]。培根认为，只有第三种野心才是“纯粹的”，能够在人类的道德意识中得到无条件赞同。这是因为，就一般情况而言，任何出于个人或国家野心所获得的成果都要以牺牲他人或其他国家的利益为代价，释放它们都将不可避免地损害人类群体中另一部分人的利益，只能是一个零和游戏，必然承受道义的负罪与羞耻感。然而，人类的物种野心不会受到任何道德意识的束缚，它的释放以否定自然意志为前提，不会把自然视为具有自身利益的实体。由此，一方面，在人类对抗自然环境的诸多活动中，人类对自然的征服也就成了一件道德的正当性事业，不会因为损害某种“利益”而承受良心的谴责与道德的负罪；另一方面，前两种野心只有通过人与人的内斗及群体或国家之间的战争才能够释放，它们作为一种进取精神必然会在社会环境之中受到压抑，而第三种野心也就成为人类恰当释放进取精神的唯一途径。进一步来看，正是人类之外的自然“为人类社会的和平与宁静‘付出了代价’”，使得人类野心中的破坏

[1] 威廉·莱斯．满足的限度［M］．李永学，译．北京：商务印书馆，2016：48.

性激情在对自然的征服过程中被吸收与中和，这就在很大程度上避免了人类社会陷入更多内斗的可能，征服自然也就由此成了“不需要‘成本’的人类野心的表达形式”[1]。

但是，在莱斯看来，这种承认人类野心充斥着破坏性能量，只有通过对自然的征服才能带来积极性后果的观点毫无道理。莱斯指出，人们可以期待人类的破坏性激情体现在某种结果之中，但是，这种野心所固有的贪婪、残忍和丑陋不会在吸收的过程中消失，而是会反映在环境的变化中。在莱斯看来，在审查当代工业化国家相对于之前社会的“进步”时，如果我们仅仅把这种“进步”理解为尽可能多地从自然资源中提供满足人类需要的物品，那么，“‘进步’发动机的动力来源过去是，现在也依然是贪婪、嫉妒和对苦难漠不关心的欲望”[2]。莱斯指出，社会的工业化过程就是一个很好的事例，从满足人类的需要而言，如果采取更为合适的形式，不但能够实现科技与生产力的进步，也能够避免对自然环境和自然生物造成更大危害。这一批判涉及工业化生产的生态限度，这一问题只有在当今生态危机持续蔓延的背景中才能被深切认识。

有鉴于此，如果人们只是把注意力集中在对自然资源的攫取，以功利主义的观点看待自然，那么必然会在自身需要与满足手段之间关系的认识问题上产生混乱。因为“商品领域在数量上的进一步膨胀只不过将把满足与不满足的总效用转移到另一个层面上去”[3]。在对自然资源的使用中，如果仅仅把目光聚焦于人类以外的自然，将自然界看作满足人类需要的手段，

---

❶ 威廉·莱斯. 满足的限度［M］. 李永学，译. 北京：商务印书馆，2016：49.
❷ 威廉·莱斯. 满足的限度［M］. 李永学，译. 北京：商务印书馆，2016：50.
❸ 威廉·莱斯. 满足的限度［M］. 李永学，译. 北京：商务印书馆，2016：50.

那么人类的发展必将迷失方向。正如马克思所言：

> 技术的胜利，似乎是以道德的败坏为代价换来的。随着人类愈益控制自然，个人却似乎愈益成为别人的奴隶或自身的卑劣行为的奴隶。甚至科学的纯洁光辉仿佛也只能在愚昧无知的黑暗背景上闪耀。我们的一切发明和进步，似乎结果是使物质力量成为有智慧的生命，而人的生命则化为愚钝的物质力量。❶

对于这一问题，只有当工业化生产触碰到了人和自然关系的生态限度，人们才能够认识到：

> 由培根开启的对科学知识和人的力量的无限赞美，相信人类通过科学技术征服自然是一个无止境的过程，这一过程终将解决一切问题，创造社会的进步与和谐，实现人的幸福、解放和自由等等——这一切不过是一个现代乌托邦的梦想。❷

第二节　对人类需要的新反思

基于对消费主义社会及其意识形态的考察，莱斯进而将理论触角深入到需要问题本身。在莱斯看来，通过经验来理解我们所谓的“需要的满足”的

❶ 马克思恩格斯选集：第 1 卷［M］. 北京：人民出版社，2012：776.
❷ 张盾. 马克思与生态文明的政治哲学基础［J］. 中国社会科学，2018（12）：10.

任何尝试，都是一种冒险的努力。这是因为需要和满足等概念本身就是对具体社会实践的抽象表达，充其量只是对较为复杂活动的粗陋指示器。在诸如消费行为等如此复杂的活动中，面对同一对象，个人的感受往往因人而异，预期的满足总是隐藏于个人的心理反应，这就使得无法用普遍性标准来衡量这一活动。莱斯引述了经济学家阿尔弗雷德·马歇尔的观点："对于愿望或由愿望实现所获得的满足而言，无论是进行直接测量或是从其本身出发都是不可能的。甚至是不可想象的，这一点不管怎样坚持都不过分。"[1]因此，任何企图建立商品和消费者之间不自觉反应关系的努力，都无法真正测量具体消费活动中个人能够达到的满足强度，因为满足本身就是一种难以区分的，充满模糊与矛盾的特殊情感状态，不是一个能够测量的范畴。就此而论，在考察"需要的满足"及其相关问题之前，我们有必要对需要概念本身加以剖析。

一、需要概念的内涵辨析

研究人类的需要问题并非易事。在《满足的限度》一书中，莱斯交替使用了需要（needs）、欲望（wants）和愿望（desire）等几个术语。莱斯指出，对于需要概念本身，在不同的学术领域中总是有着不同术语，为了能够把人类学、经济学和心理学等学科观点有效综合到对需要问题的研究中，难免采用不同的词语，以便使人们认识到：术语使用本身的差异就已阻碍了对相关问题的关键性研究。诸如，在社会学和人文主义社会心理学领域常常使用需要这个词，但是经济学领域通常流行着欲望、选择（choice）和需

---

[1] 威廉·莱斯. 满足的限度［M］. 李永学，译. 北京：商务印书馆，2016：55.

求（demand），行为心理学则喜欢用驱力（drive），消费者心理学又热衷于选择和愿望，在一些哲学家那里，这些词又都和偏爱（preference）存在一定的联系。

在莱斯看来，正是由于不同学科在对需要问题的研究中使用了如此众多的词语，也更“由于人们所使用的概念上的不同，因此要为高强度市场架构下的具体社会状况发展一种完整的见解极为困难”[1]。但是，不论使用哪一种词语，一般研究都总是从一种二分法出发，在这一方法中，需要或欲望作为一个整体总是根据相互对立的范畴加以分组，诸如“自然的对应经过培育的、直接的对应衍生的、出自本能的对应心理的、必需的对应奢侈的、实在的对应象征性的、真实的对应虚假的、客观的对应主观的、根本的对应任意的、较低层次的对应较高层次的”[2]，等等。非但如此，人们还喜欢用不同列表、等级制度及分类，根据自己理论中需要或欲望本身的重要性，通过特定标准作出具体划分。但是，在莱斯看来，这些工作未必就能够使人更有效地理解：在关涉人类需要问题的诸多看法中，到底是哪种区分及哪些观点，能够用来较为恰当地说明当代社会中的人类需要问题。有鉴于此，莱斯进而指出，他所探讨的只是需要和商品在高强度市场架构下的相互作用问题，想确定的只是“需要的哪些方面、商品的哪些特质与当今市场架构下人们的满足的特性直接有关”[3]。

那么，到底人类社会中需要与满足领域的一般特性是什么？通常认为，人类是天生的社会性动物，具有与生俱来的发展符号标识物的特殊能力。这

---

[1] 威廉·莱斯．满足的限度［M］．李永学，译．北京：商务印书馆，2016：59．
[2] 威廉·莱斯．满足的限度［M］．李永学，译．北京：商务印书馆，2016：60．
[3] 威廉·莱斯．满足的限度［M］．李永学，译．北京：商务印书馆，2016：57．

些符号标识物的统称就是“文化”。莱斯认为，人类社会总是处在一种强烈的社会相互作用中，通过这种相互作用，人们共同诠释、反思与整合着自然的天然欲望，这是一种物种自我保存的努力。这种努力通过文化的调节，使得人们的自然欲望转变为日常需要，又通过有意识的表达凝结为一种社会化愿望，并随着人类社会的发展历代相传。相对于人类而言，其他物种自然欲望的满足只是在与环境变化发生着交互作用，而人类作为一种社会性动物，在满足需要的方式上则打破了与自然环境的直接性关系，不再局限于感官刺激与满足手段之间的联系，从而表现出一种文化性特征，这一特征蕴含着人类欲望的符号性或反思性转变。正如马克思在《1844 年经济学哲学手稿》中所言：“人不仅仅是自然存在物，而且是人的自然存在物……他必须既在自己的存在中也在自己的知识中确证并表现自身。”[1] 因此，从对马克思思想的理解来看，人的需要就不再是一个纯粹自然化的东西，不再是绝对的既定存在，而是历史性、生成性的，“这些需要并不是由一般的人的本质来决定，而是由特定的生产能力和社会发展水平决定的”[2]。马克思也曾指出，人的“需要本身也只是随着生产力一起发展起来的”[3]。就此而论，需要与生产一起经历了共同的社会化过程，本身都是人类文化的产物。

进一步来看，在人类社会的历史过程中，“工具的发展是满足这些欲望的反思性转变的最普遍的表达之一，因为这一发展依赖于运用环境资源的某些能力的提升，以其作为手段来增加可能的满足来源的总范围”[4]。从历史唯物主义来看，生产工具的使用和发明是人类社会打破自然同一性的关键要

---

[1] 马克思．1844 年经济学哲学手稿［M］．北京：人民出版社，2014：104.
[2] 张盾．马克思的六个经典问题［M］．北京：中国社会科学出版社，2009：130.
[3] 马克思恩格斯全集：第 30 卷［M］．北京：人民出版社，1995：389.
[4] 威廉·莱斯．满足的限度［M］．李永学，译．北京：商务印书馆，2016：58.

素，不仅丰富了人类满足自身自然需要的基本方式，也使得人类对于自身需要的满足不再完全依赖于自然界。这一过程实现了人类社会从“自然化”到“文化”的转变，在这一转变中，生产工具的发展既提升了人们改造自然界以扩大自身需求范围的能力，又增强了人类社会对自然界的干涉和控制，并在这种相互作用中形成了满足自身需要的组织化模式。由此，人类需要的满足就不再直接依赖于自然界的现成供给，对于自然环境的干预和管理越来越多，并由此开创了以符号为媒介的需要与为提供它们而发展的有组织的技术之间的互动。

在这一过程的高级阶段，劳动分工开始形成，于是“从事专门生产的人们无法直接满足自己的一切需要，而必须依靠市场上经常性的商品交换”[1]。从历史的考察来看，在前现代社会的漫长岁月，由于社会生产力状况及其相应的文化和制度等因素制约，市场交换与劳动分工并未得到充分发展。到了现代社会，科学技术的应用带动了生产力的迅猛进步，从而促动了市场交换与劳动分工的相应发展，一种新的经济制度应运而生，商品经济占据了主导地位。这就是高强度市场架构的经济制度，它的典型特征是一种普遍化的市场经济模式。在这一市场架构下，商品与服务的交换范围和变化速率持续扩大，从而将人们追求自我满足的种种努力完全导向了商品领域。

但是，在莱斯看来，个人需要的满足是一个暧昧、模糊而充满矛盾的感觉状态，当人们普遍以为通过持续的经济增长就能够让人类的需要得到满足时，却又进一步强化了满足本身的模糊性。那么，对于社会而言，即使其经济能力能够保持物质数量的无限增长，仍非一个明智的选择。这是因为，如

[1] 威廉·莱斯．满足的限度［M］．李永学，译．北京：商务印书馆，2016：58.

果将个人需要的满足完全导向商品领域，以这种方式来诠释人们对于幸福的追求，那么不仅会破坏人本身存在状态的完整性，也将危及人类社会与自然生态系统的关系，这种影响可以被当代社会的生态危机所明证。由此，莱斯指出，当代社会理论中那些对于需要问题最普遍的表达方式，往往因为忽视对日常生活及特定社会组织下需要与满足方式的深入理解，并不足以说明现代工业社会的真实需求，也并不能提供了解这些风险的有效途径。有鉴于此，对当前流行的需要理论进行批判性分析尤为重要，只有如此，人们才能真正理解高强度市场架构下人类需要问题的现实本质。

二、对当代流行需要模式的批判性考察

针对流行需要理论的考察，莱斯认为，根据不同术语使用的分类，主要有下列三种模式：生物与文化构成的差别、等级制度或相对优先权问题，以及行为主义和批判理论。在莱斯看来，虽然这些模式有助于我们理解需要问题，但它们共同的缺陷是从抽象原则出发，忽略了对人类社会与历史活动的考察，也就不能有效诠释人类需要的真实内涵。

首先，莱斯考察了一种最早发展起来也最为普通的，即以“生物与文化构成的差别”为特征的需要模式。这一模式以不同生命体的生理需要及物种需要（诸如对食物、水、空气、温暖和性行为的欲望）为基准，有时附加一些初等的“心理”维度（诸如人类等社会性动物的族群和谐规范等因素），而将人类的其他需要范畴看作根源于人类文化或社会因素的“衍生需要”，以此罗列出一套以区分生物维度和文化及社会维度为特征的“人类的基本需要”列表，由此来表达人类的需要问题。在莱斯看来，这是一种具有较高抽象性的模式，不论是在原始社会还是在工业社会，人类的象征性文化活动都

极为复杂，这种以生物—文化为区分特征的模式并不具有说明社会族群日常活动的意义。诸如人类对食物的取用，作为营养的本能欲望是最为根本的物种需要，但是在这一过程中，从来都蕴含着复杂的文化因素，而有关自然物质基本营养的知识本身就属于文化范畴。莱斯引述了人类学家列维 - 斯特劳斯在《生食和熟食》一书中的详尽描述，进而表明了一个观点：为了满足自身的生理需要，人类发明的所有实践都是多种多样的。为了维持社会族群的完整，在某种情况下，族群中的个人甚至会采用自杀的行为来节省维持生命的必需品。莱斯还指出，多罗西·李的观点更具有代表性，后者将人类的需要本身看作是因不同文化而异的，作为人类行为基础的“价值”观念的衍生品，并不具有引导个人行为的内在基础性作用。事实上，在人们的日常行为中，生物与文化维度总是紧密地相互交织，这种刻意区分需要范畴的认知模式，并不能较为正确而完整地诠释人们的日常需要。从根本上说，人类的一切需要都是以文化为中介，只能间接地指向满足来源，并不存在基本需要与衍生需要的明确界限，也不存在纯粹的次级需要。

进一步来看，一方面，“生物—文化差别是完全抽象的，无法真正帮助我们理解人类学行为的多种实际导向，因为每种文化都会吸收存在的生物维度，将之同化进自己的社会化模式中，而实际上决定需要的诠释的正是这些模式”[1]。在莱斯看来，人类社会满足需要的特定方式，本身就能够代表与社会凝聚的基础方式相关的衍生活动，并没有必要刻意区分次级或衍生需要。另一方面，一切生物都有对营养的需要，而所有社会性动物也都具有类似于人类物种的生理需要和高级需要（诸如关爱、学习、合作、安全等），前者

---

[1] 威廉·莱斯. 满足的限度［M］. 李永学，译. 北京：商务印书馆，2016：62.

是维持动物生命的先决条件，后者作为一种“社会性”特征通过实际经验而代际传递，诸如在狮子、猿猴等的族群中，它们也是内在的构成要素。因此，莱斯认为，“在这些通常组成了人类基本需要列表的生理或社会—心理需要方面，没有任何人类独有的地方”[1]。当然，莱斯的观点并不是要抹杀人类与其他社会性动物在需要方面的差别，而是试图澄清“生物与文化构成的差别”的区分根本无法有效说明人类的现实需要问题。在莱斯看来，人类需要与其他社会性动物之间唯一真正的区别只在于：人类需要丰富多样的经验复杂性和实际文化表达的令人着迷的多样性。

其次，莱斯分析了以等级制度或相对优先权为区分标准的需要模式。这类模式以自以为的紧迫性和重要性为依据，把需要分成不同次序，予以不同程度的关注。著名心理学家亚伯拉罕·马斯洛的需要层次理论为这类理论的代表。在著名的“需要层次理论”（need-hierarchy theory）中，马斯洛把人类的需要主要划分为五个层级，即生理需要（physiological needs）、安全需要（safety needs）、爱与归属的需要（love and belonging needs）、尊重需要（esteem needs）及自我实现的需要（self-actualization needs）。生理需要是最基本且最低级的、维持生存和延续种族的需要，诸如对食物、水、空气和住房的需求等，它们的满足是任何生命体存在的前提；安全需要涉及治安、可预测性、环境的可靠性等因素，它们的满足使人免于遭受安全、痛苦及疾病等威胁，保障稳定状态的生活；爱与归属的需要又叫社交需要，是指被他人爱护、关注、接纳、支持和鼓励等的需要，包括对爱情、友谊及隶属关系的需要等；尊重需要是指维护或获取个人自尊的一切需要，既包括对个人价值

---

[1] 威廉·莱斯. 满足的限度［M］. 李永学，译. 北京：商务印书馆，2016：62.

或成就的自我认同，也包括他人对自己的认可与尊重；自我实现的需要就是自我实现或是发挥潜能的需要，亦即个人所有理想和需求全部实现的需要。在马斯洛看来，前三个层级如果得不到满足，就可能引发生理或心理疾病，作为人类物种，它们是最普遍的需要；后两层级则是衍生的，具有个体性差异，对人们个性的充分发展起着积极的促进作用。对于任何个人而言，如果仅仅停留在前三层级，沉湎于自然物质性需求的满足是远远不够的；后两个层级需要的实现代表着更高状态，往往是衡量个人成长或成熟的基本标准，展现着个体人格的实现程度，具有无穷的长久远景。

在莱斯看来，马斯洛采用了生物—文化差异的区分，把本质上的暂时性与本体论方面的连续性概念化了。这些需要层级在本体论上作为一个连续的过程能够同时发生，但是在物种本质的层面上，又是一个由低到高的持续过程，后者只有在前者实现的基础上才会出现。基于这种认识，生物需要是首先要解决的最为紧迫的任务；如果社会组织得当，能够让之后的等级出现，那么这些需要也应该得到解决。但是，在莱斯看来，无论是暂时次序设想，还是本体论发展构建，都不具有较强的说服力。因为马斯洛的“需要层次理论”反映了只有在科技先进的社会中才存在的，专业化程度很高的社会活动中的特定组织方式，这种需要的分类模式似乎并不能适应于较早期社会的普遍状况。虽然在当前较为发达的工业社会，上述五种范畴的分类体系与人类活动有着紧密的联系，但是在前工业社会中，它们并不会在作为离散的个体或族群中依次出现。

莱斯进一步追问：马斯洛的方法是否至少对理解科技发达的社会中的人类行为发展有用呢？诚然，在科技发达的社会，种类繁多的商品在大规模的市场交换中，为需要的满足提供了组织机构。马斯洛认为，当商品交换层次的满足达到某种程度时，每个人都应超越这一层次，以达到与商品交换无关的自我实现。然而，在莱斯看来，在高强度市场架构下，人们的现实行为倾向却与马斯洛的构想大相径庭。在这里，物质交换的基础性作用不但没有被超越，反而愈发深入地扩展到了人们的“心理”范畴中，“对于自尊和自我实现的需要正通过购买商品来表达、来追求，而商品却并非简单的实物，其中含有一套与之结合的复杂含义或复杂‘信息’”[1]。在这样的市场布局中，并没有多少东西能够激励人们放弃对于物质商品的偏爱，“需要层次理论”中所构想的自我超越是与人类的社会实践直接矛盾的。事实上，在科技发达的当前社会，高消费理想已经将全部个人需要的满足不断导向了持续扩大的商品阵营，我们的世界已经被这样一种状况所诠释：自我实现或个性实现是消费活动的目的，而个性只有通过购买一些独特的商品组合才能够获得。

最后，莱斯考察了“行为主义和批判理论”为代表的需要模式。这类模式主要围绕着人类整体文化中是否存在“需要表达和成就的扭曲形式”而展开。行为主义和批判理论在这一问题上持有对立观点。在行为主义者看来，通过使用需求、驱力和选择的概念，对可观察的消费行为进行详细描述，但并不能判断那些行为的固有质量是否合适。批判理论则强调，对行为的合理性建立某些客观标准，据此评价具体行为。弗洛姆指出：“一个清醒的社会是能够对人们的需要做出响应的社会，但这一社会并非必须对人们自以为是其需要的那些需要做出反应，因为即使最不合理的目标也可被人主观地认为是最希望拥有的东西；社会应该做出反应的是人们的那些客观需要，因为这些需要可以通过对人的研究确定。”[2]因此，在弗洛姆看来，“如果我们的目

---

[1] 威廉·莱斯. 满足的限度［M］. 李永学，译. 北京：商务印书馆，2016：64.
[2] 威廉·莱斯. 满足的限度［M］. 李永学，译. 北京：商务印书馆，2016：66.

标是把异化的消费变成人的消费，我们就必须改变那些造成异化消费的经济过程。……这就是使生产为人性的真实需要服务，因为这些需要尚未得到满足，而不是为那些人为造成的需要服务”❶。

莱斯指出，以上两种观点之间的差别，在于他们对“真实的”和“经篡改的”需要之间差异的评价。根据批判理论的意见，心理健康与生理的健康都是一种客观条件，因此，能够明确评估哪些是真实需要，哪些又是与此相反的有害需要。批判理论的观点对当今资本主义世界的操纵趋势，尤其是对由持续的广告传播所产生的“人为的”欲望或“虚假的”需要构成了激烈批判。但是，从行为主义视角出发，一切需要都来自社会条件，批判理论的观点只是基于一种不平等区分。因为尽管存在着特殊形式的极大差别，然而，每种文化中都有这一过程发生：个人能够通过学习诠释他们的需要，让自己符合被广泛认可的行为模式。而只要这种社会调节过程对于大多数人能够生效，那么就没有理由去说正是这一过程导致了虚假需要的产生。

莱斯进一步指出，批判理论的观点蕴含着对高消费生活方式的否定，这种判断基于真实的需要和虚假的需要，或者说自发需要和人为需要的区别。诚如马尔库塞所言：“发达工业社会的显著特征是它有效地窒息那些要求自由的需求，即要求从尚可忍受的、有好处的和舒适的情况中摆脱出来的需要，同时它容忍和宽恕富裕社会的破坏力量和抑制功能。”❷当广泛多样化的商品和服务促动了对个人生活的全面控制时，“不论这些需要有多少可以变成个人自己的需要，并由他的生存条件所重复和增强；无论个人怎样与这些

❶ 埃利希·弗洛姆．健全的社会［M］．欧阳谦，译．北京：中国文联出版公司，1988：341.
❷ 赫伯特·马尔库塞．单向度的人——发达工业社会意识形态研究［M］．刘继，译．上海：上海译文出版社，2014：8.

需要相一致并感觉到自己从中得到满足，这些需要始终还是它们一开始那样——要求压制的势力占统治地位的社会的产物”[1]。然而，在莱斯看来，“只要这个社会的整体与它的大部分成员继续足够有效地行使职能来保持这一‘虚假’体系，人们提出的任何替代方式都不过是抽象的可能性。或许这很有可能是一种与生俱来的自我毁灭的体系，但只有它的全面崩溃才能证明这一假说”[2]。由此可见，批判理论的真正困难在于，很难为需要的相对真伪，找到一种客观的评价标准。这一观点的支持者明确知道，尤其是那些宗教变种之类的传统道德哲学，同样为人类愿望的评判假定了一套“客观”标准。他们也承认，这些标准是由其所在的特殊历史状况决定的，并不存在某种普遍的客观性。但他们依旧认为，这样一套建立在现代社会批判性研究基础上的评判标准，能够在未来的非专制社会中找到理想之途，让束缚于消费主义社会中的人，在未来的健全社会，能够发展到由个人而非社会权力所决定的自主状态。当然，批判理论自有其可贵贡献——他们认为，只有通过个人心理和社会经济利益之间的相互作用，才能够对人们需要的形成达到一定了解。批判理论认为，人们的需要并非是在真空中受到调节的，而是特定历史形式的产物，这些历史的特定形式是不同阶级利益和权力关系的结果。但是，仅仅说所有需要都由社会调节所造成，也只是一种空洞的表达。

基于以上三种需要模式的剖析，莱斯进而指出，虽然这些理论对需要问题进行概括时发展了一些固定的抽象范畴，并不能直接应用于具体社会状

[1] 赫伯特·马尔库塞．单向度的人——发达工业社会意识形态研究［M］．刘继，译．上海：上海译文出版社，2014：6.

[2] 威廉·莱斯．满足的限度［M］．李永学，译．北京：商务印书馆，2016：67.

况，但并非毫无贡献。这些范畴体系只是不能对人类需要的特别之处提供太多东西，但在一定程度上适用于全部的社会性动物。在莱斯看来，“人类用以诠释他们需要的方式具有丰富的多样性；与其他社会动物的活动相比，这是人类活动最主要的分辨标志”❶。只有通过对特定架构的社会模式或满足结构的考察，才能够真正理解人类需要问题的真实内涵。

三、需要的内在张力与外在特性

在《1857—1858年经济学手稿》中，马克思详细讨论了需要体系和劳动体系的关系，进而作出论述：“需求本身也只是随着生产力一起发展起来的。”❷基于这种观点，马克思区分了“必要的需要”和“奢侈的需要”，所谓“必要的需要”就是本身归结为自然主体的那种个人的需要，所谓“奢侈”是自然必要性的对立面。❸从对马克思思想的理解出发，考察人类社会的生产运动，那么“生产不仅生产一定的消费资料（即使用价值），而且生产人的消费方式，甚至生产对这些产品的欲望”❹。在《满足的限度》一书中，莱斯提及了一种“需要”和“欲望”的区分，所谓“需要”就是处于同一种文化中的人所共有的维持身体与精神健康所需的最低要求，而“欲望”的特征则是个体性与主观性。从某种意义而言，这种区分中的“需要”也在一定程度上表现着“自然必然性”，而“欲望”本身则同样蕴含着自然必要性的反面含义。

虽然作出了“必要的需要”和“奢侈的需要”的区分，但马克思进一步

---

❶ 威廉·莱斯．满足的限度［M］．李永学，译．北京：商务印书馆，2016：68．
❷ 马克思恩格斯全集：第30卷［M］．北京：人民出版社，1995：617．
❸ 马克思恩格斯全集：第30卷［M］．北京：人民出版社，1995：525．
❹ 张盾．马克思的六个经典问题［M］．北京：中国社会科学出版社，2009：130．

强调，“生产的发展既扬弃这种自然必要性，也扬弃那种奢侈……因为这种发展本身又只是使一定的社会标准确立为必要的标准，而同奢侈相对立”[1]。因此，在马克思看来，随着社会生产运动的发展，“以前表现为奢侈的东西，现在成为必要的了”[2]。具体联系到资本主义社会本身，那么它的发展趋势就是将奢侈的需要转向必要的需要。进一步思考能够得出结论：马克思对“必要的需要”和“奢侈的需要”的区分并非本质性的，而是基于生产运动的发展观点，强调人类需要问题的社会属性，即需要体系与劳动体系的内在联系。对于“奢侈的需要”的论述则直接指向资本主义生产的现实本性。鲍德里亚从后现代主义视角反对历史唯物主义的基本原则，但也同样承认人类的“需求体系是生产体系的产物”[3]。由此可见，正如“人的本质并不是单个人所固有的抽象物。在其现实性上，它是一切社会关系的总和”[4]，任何对人的需要问题作出的本质性区分与断言只能是抽象的，对需要问题的考察必须联系具体的社会现实。

那么，如何看待“需要”和“欲望”的区分？莱斯指出，在人类需要问题的研究上，总有一些观点认为，需要是有限制的，关涉着人类生存的客观状态，而欲望则是无限制的，根源于个人主观或纯粹的心理感觉。然而，是否能在需要和欲望之间划出一条清晰的界线？不可否认，可以把人类的需要理解为由一个从生理需要到社会需要的扩展，把人们对于食物、空气、水和住所的自然物质性需要看作最基本的。正如马克思所言：

---

❶ 马克思恩格斯全集：第 30 卷［M］．北京：人民出版社，1995：525.
❷ 马克思恩格斯全集：第 30 卷［M］．北京：人民出版社，1995：525.
❸ 让·鲍德里亚．消费社会［M］．刘成富，全志钢，译．南京：南京大学出版社，2001：64-65.
❹ 马克思恩格斯选集：第 1 卷［M］．北京：人民出版社，2012：135.

> 一切人类生存的第一个前提，也就是一切历史的第一个前提，这个前提是：人们为了能够“创造历史”，必须能够生活。但是为了生活，首先就需要吃喝住穿以及其他一些东西。因此第一个历史活动就是生产满足这些需要的资料，即生产物质生活本身。[1]

但是，历史唯物主义所指认的“需要与满足的自然性观点”只是一种逻辑的先在，从人类历史发展的现实运动来看，个人的需要从来都表现为“社会需要”，尤其在资本主义社会中，“社会需要”的本质更是由不同阶级的相互关系及其所处的经济地位所决定的。因此，任何脱离一定社会关系对于“需要”问题的区分只能是一种抽象的论断。那么，诸如摄取最低限度的营养物质等维持个人生命的客观需要，以及保持群体和谐所需要的社会经验，对于社会中的个人都是基本的“生存需要”，但是这些需要的满足方式同样呈现着不同状态。莱斯举证一篇著名的逆乌托邦小说《我们》中的描述：在那里每个人都住在一间装扮一致的玻璃墙小屋里，以乏味的石油衍生物作为唯一食品。作为每个人维持生命的营养物与遮身住所等基本“生存需要”，就在这样的状况中得到了“满足”，而一定的社会调节作用也同样能够保证个人绝不会出现超越这些需要的欲望。那么，又该怎样看待这个虚构场景中的“生存需要”呢？事实上，从人类社会的历史发展来看，一些文献中记载的基本“生存需要”的满足方式，也同样并不能被当今的人们接受和理解。

基于以上分析，针对把需要看作客观状态、欲望视为主观感觉的观点，莱斯认为，对于人类的需要问题而言，“一切最重要的问题就是在那个所谓

---

[1] 马克思恩格斯选集：第1卷［M］. 北京：人民出版社，2012：158.

主观与客观维度交汇的朦胧地带出现的”[1]。它们是这样一些问题：“哪种食物？以何种形式提供的食物？食物的质量如何？与其他察觉到的需要相比，对于食物的察觉到的需要处于何种状况？”[2]莱斯指出，如果来回答这些问题，那么关于需要的客观性和欲望的主观性区分就丧失了意义。因此，与需要问题相关的不仅是理论与观念，更是社会的现实状况。如果在需要和欲望之间刻意地划一条界线，那就可能引起向着逆乌托邦小说所描述状况的类似推导，从而将人们需要的范围限定在只有量的差别而无质的区分的衣、食、住、行等方面。在社会的政策制定中，就有可能把诸如对穷人提供社会福利的具体措施导向一种单一模式，以及全面压抑社会中更为走运的人对于需要质量的追求。

因此，在莱斯看来，对于需要与欲望的这种区分，不但可能转移人们对需要质量的关注，也“会让身在其中的人们对自己的需要和试图满足这些需要的手段之间的关系越来越感到困惑”[3]。当然，更为深层的问题是，对人的存在本身的异化。正如法兰克福学派的阐释，这正是资本主义社会通过高生产、高消费的发展模式从根本上扭曲了人的需求，尤其在消费领域中促动人们“虚假的需要”，使之反过来成为个人主体自我施加的异化。进一步而言，马克思所批判的资本主义的异化也就从生产与劳动领域转移到消费与需要领域，由高生产、高消费的发展模式所造成的对自然资源的过度消耗、自然环境的过度破坏，在缓解资本主义生产领域危机的表象下，却进一步将根源于资本主义本性的危机转移到了环境领域，使得人与自然之间的关系变得紧

---

[1] 威廉·莱斯. 满足的限度［M］. 李永学，译. 北京：商务印书馆，2016：70.
[2] 威廉·莱斯. 满足的限度［M］. 李永学，译. 北京：商务印书馆，2016：70.
[3] 威廉·莱斯. 满足的限度［M］. 李永学，译. 北京：商务印书馆，2016：71.

张，从而触发了当代社会日益严重的生态危机。基于马克思对资本主义制度下人的需要的本质及其异化的批判，以及莱斯的相关论述，我们能够理解：在现实社会状况中，人类需要本身在主观与客观之间保持着一种内在张力，如果缺少对这一问题的清晰认识，就可能对需要与满足需要的可能来源的关系作出错误诠释。

通过以上考察，莱斯进而指出，我们可以把人类“需要体系”看作不同层级上相互作用的连续系列，但不能就此认为层级之间存在明确界限。在莱斯看来，人们需要的每个表达都兼具着物质关联和象征性关联的双重特性。人类的需要体验自始至终都是一种多维活动，以上区分只是一种简单的理论指认，并非对需要及其满足过程的具体说明。所谓的“物质关联”是指由自然结构决定的物质交换过程，诠释着人类的生存需要与自然事物之间关系的持续。莱斯认为，即使某些人所谓的“精神冥想”需要，也无法脱离生命物质的再生产形式，只有在人类“需要系统”的内在联系中才能够得到体认。所谓“象征性关联”是指任何人类生命物质的交换过程，总是蕴含着文化或反思方式的表达。每种文化中的人类需要系统都是一个物质与象征性不可分割的整体，需要的双重特性并不能彼此合并与归纳，却又互为联系、密不可分。没有任何脱离政治经济等物质性范围的“象征性规则”，也不存在任何纯粹直接性的“物质性占有”方式。人类学研究已经表明，在原始文化形态中，有关人类需要的表达就已存在着难以想象的复杂性。任何生理需要总是交织着丰富多彩的象征性媒介，每一种高级需要（爱、尊重、对知识的求索和精神完善等）也都同物质性因素存在着不可分割的联系。因此，莱斯指出，人类需要的复杂性本身“并不是历史或文化发展的结果，而是那一过程的必要的先决条件。并不存在从简单向复杂的变化，而只是象征性媒介的一个逐步展现与丰富的过程，这一过程存在于对需要不断的重新诠释之中”[1]。

从更为广阔的历史进程来看，莱斯把人类社会区分为三种生态模式：狩猎与采集生态，小规模永久定居生态和资本主义社会与工业化。莱斯认为，需要的“物质关联”与“象征性关联”的双重特性，在这些模式中都有着不同程度的呈现。尤其在资本主义工业化模式下，以交换为目的的生产形式占据了主导性地位，全面深化了“物质关联”与“象征性关联”的强度与广度。在资本主义条件下，生产目的不是直接创造使用价值来满足人们的需要，而是通过交换价值的实现追求利润的最大化，资本主义制度的本性必然要求无止境地社会生产。正如马克思所言：“资本主义生产方式占统治地位的社会的财富，表现为‘庞大的商品堆积’。”[2] 然而，无止境地生产并不能直接达成资本主义生产的目的，还必须有广泛的交换活动，在这一过程中，人们的需要被单一地导向了对商品的消费，而需要的象征性媒介完全嵌入实物之中。

第三节　探寻满足需要的替代性架构

流行的需要理论及试图区分需要和欲望的观点，之所以不能有效诠释人类的需要问题，在于它们都脱离了对实际社会模式的具体考察。在莱斯看来，人们的“需求与愿望（desire）产生于社会相互作用的过程之中；不考

---

❶ 威廉·莱斯．满足的限度［M］．李永学，译．北京：商务印书馆，2016：74．
❷ 马克思恩格斯文集：第5卷［M］．北京：人民出版社，2009：47．

虑供给问题与这些过程之间的内在联系，供给问题本身无解”[1]。因为需要和满足等概念本身是对具体社会实践的抽象表达，只有将对需要问题的考察联系到具体的社会形态，才能够更为切实地考虑满足的手段与需要或欲望之间的匹配问题。从满足的手段作为人类需要的客体维度来看，正如马克思指出的：“我们的需要和享受是由社会产生的；因此，我们在衡量需要和享受时是以社会为尺度，而不是以满足它们的物品为尺度的。因为我们的需要和享受具有社会性质，所以它们具有相对的性质。”[2]从与其相应的主体维度而言，人的需要又不是一个绝对的既定存在，而是历史和社会的产物，“本身也只是随着生产力一起发展起来的”[3]。由此可见，所谓纯粹的需要及其满足是不存在的，人的需要并不具有一种内在的普遍性，任何脱离一定社会形式孤立分析人类需要问题的考察，本身就蕴含着抽象的本质主义特征。于是，莱斯将人类的需要问题联系到具体社会模式，在对现实社会实践的关切中探寻人类需要的替代性架构。

一、满足需要的四种社会架构

从需要和社会的相互作用出发，莱斯首先剖析了满足需要的一般模式。莱斯认为，“在人类社会的范围内有四种主要模式：完全以自用为目的的生产；在小型社会单元之内，主要为了自用，但包括有限交换的生产；在较大规模的社会单元内，主要为了自用，但包括有限交换的生产；主要以交换为目的的生产”[4]。莱斯指出，如此划分只为讨论问题方便，所表达的是一定社

[1] 威廉·莱斯．满足的限度［M］．李永学，译．北京：商务印书馆，2016：前言第 2.
[2] 马克思恩格斯选集：第 1 卷［M］．北京：人民出版社，2012：345.
[3] 马克思恩格斯全集：第 30 卷［M］．北京：人民出版社，1995：389.
[4] 威廉·莱斯．满足的限度［M］．李永学，译．北京：商务印书馆，2016：82.

会架构中商品交换的程度和规模。实际上，从满足需要的一般模式而言，这些模式的特点往往相互渗透，内蕴着诸多文化的综合，并不存在所谓整齐划一的界限。

第一种模式下的生产只是为了满足自我需要，属于居无定所的狩猎与采集社会所共具的特点。这样的社会处在机动的状态中，社会成员通常只生产自我所需的产品，生产活动本身的流动性决定了只能积累极为有限的物品。正如恩格斯在《家庭、私有制和国家的起源》中对相应社会的阐释，人类在这一社会架构下的物品生产几乎完全依赖于对现成天然物的获取，“人工产品主要是用做获取天然产物的辅助工具”[1]。只有当社会族群的结构有了一定改变，接触到了更为先进的生产技术，社会成员之间才能够发生一定的产品交换。在此之前，族群内部几乎没有交换产品的活动，而当交换行为持续发生时，整体族群的生活方式也将随之改变。

第二种模式是小规模定居社会的基本特征，生产的目的主要是满足自己的使用，但是围绕着扩大了的家庭单位组织，一些生活必需品在较小的范围和程度上开始了有限交换。在这种社会的文化内部或同类文化之间缠绕着一个精细的交换网，但是能够用来交换的物品范围和种类局限在很小的限度内，并以家庭单位为划分物品种类的依据，以此确定物品等级及交换活动的性质。例如，在尼日利亚的蒂夫人之间，所有物品分为三类：生活必需品，奢侈品（奴隶、牲畜、金属）和女人。劳动力和土地不在这三类物品之中。在这里，自由交换行为只能发生在同类物品中，也不存在作为交换等价物的金钱。在不同等级之间，虽然第二类和第三类存在一定的交换原则，但不允

[1] 马克思恩格斯选集：第4卷［M］. 北京：人民出版社 2012：35.

许它们与作为第一类的生活必需品进行交换。当这一社会架构遭遇更先进的文化入侵时，就像狩猎与采集社会的生产模式所面临过的状况一样，已有的生产模式走向解体，新的交换原则带来了新的社会架构。

第三种模式是人类社会在大规模定居文明下的基本状态，莱斯将历史的坐标定位于20世纪之前经济相对落后的整个前现代文明社会。在这一社会架构下，生产活动的目的依旧主要在于满足自身需求，同样还保留着土地和劳动力不能自由交换的原则，但是由国家组织支配的非市场交换活动开始广泛流行，市场化的交换活动在有限的范围内时有发生。这是一种类似小农经济状态的社会架构，生产的主要目的是自给自足，虽然交换活动已经成为普遍的社会现象，但交换的目的并不是获取剩余价值。从世界历史的发展来看，20世纪之前的人类社会，资本主义制度已经成为主导欧洲大陆的典型生产模式，但在世界大部分地区的落后国家中依旧保持着类似的经济特征。

第四种模式下的生产活动主要为了交换目的，由此产生了高强度的市场架构。莱斯指出，欧洲封建制度为这一社会架构，即为“资本主义、工业主义和无限制的市场交换准备了土壤。这里，所有的‘生产要素’——土地、劳动力和资本积累——都已转化为无限制的市场交易系列，这一转化促进了科技创新与劳动分工的加速发展”[1]。在这一社会架构下，为了自用而进行的生产走向瓦解，其中的残余部分保留在诸如农业等较为落后的经济部门。高强度市场架构提供了阵列庞大的商品系列，用来满足人们的需求；与此相应，人们也开始逐渐依赖于购买商品来满足自身的需要。在这一社会架构的形成中，完全以自用为目的而生产的需要满足模式，最终实现了向以交换为

---

[1] 威廉·莱斯．满足的限度［M］．李永学，译．北京：商务印书馆，2016：84.

目的而生产的转变。在交换目的的驱使下，商品变成了一种非常复杂的物品，人类需要的物质—符号关联中固有的模糊性复制其中。这一社会架构下的商品不再是单纯的物质性实体，而是承载了一系列复杂模糊的信息，这些信息的相互交织为人们带来了商品是否符合需要的种种建议，也同时使得商品转化为“物质—符号实体”。法兰克福学派等西方马克思主义者所批判的异化消费和虚假需要，指向的正是这一社会架构下的生产—消费活动。作为马尔库塞的学生，莱斯继承了法兰克福学派社会批判理论的基本思想，进一步推进了相关问题的研究。在莱斯看来，这一社会架构通过现实的生产运动塑造了一种高消费社会理想，人的需要被这一理想全面规定，商品和需要在彼此的互动中呈现出一种螺旋上升模式，二者的特性同时变得晦暗不明。在这一社会状况中，“人的那些最关键的需要已经被社会的持续不断的控制所扭曲了，并且这个问题在现时代变得越来越尖锐”[1]。因此，对这一社会架构下商品与需要之间互动现象的考察，成为进一步理解人类需要问题的前提。

二、需要与商品的碎片化互动

高强度市场架构下的生产活动主要为了交换目的，莱斯引用亚当·斯密的术语表述道：“商品交换的理论植根于‘使用价值’与‘交换价值’的基本区别之中。”[2]在古典政治经济学的理论体系中，“使用价值”是物品本身所固有的用来满足需要的能力，“交换价值”则是在市场交换活动中相对于其他物品的能力。物品的“交换价值”可以在有限的交换模式下通过以货易

---

❶ 威廉·莱斯．自然的控制［M］．岳长岭，李建华，译．重庆：重庆出版社，2007：序言 8.
❷ 威廉·莱斯．满足的限度［M］．李永学，译．北京：商务印书馆，2016：85.

货的方式进行，也可以在无限制的市场架构下通过作为一般等价物的货币来实现。相关政治经济学理论认为，使用价值与交换价值的二分法，反映了前资本主义态度与经济价值复合体之间的冲突。由于否认“使用价值”的概念，古典经济学家暗中承认他们是新生活方式和经济复合体的虔诚信徒。在他们看来，交换价值是经济和社会中的一个重要概念，在这样的社会中，人们被鼓励发挥自身能力来积累资本，满足自身需要只是一个偶然的附带目的。这一社会架构要求人们无止境地追求财富，而对于财富本身的使用就不再是生产财富的直接目的。在这一状况下，物品所固有的“使用价值”已经无法在经济活动中发挥主导作用，通过物品来满足需要的活动也就成为一个独立于生产的领域。因此，在高强度市场架构下，生产活动与消费活动处于一种现实的分离，二者的联系只有通过市场才可能发生。

我们知道，以追求“交换价值”为目的的生产正是资本主义生产方式的根本特征，莱斯同样指出：“高强度市场架构是作为市场经济的最新阶段出现的，是由资本主义生产方式带来的。”[1] 在这一生产方式下，通过广泛的市场活动，商品交换达成了一种普遍性，全面破坏了以商品的不连续性交换为特征的早期社会实践，使得经济活动成为社会与文化方面的决定性因素。由此，那种把“使用价值”视为一种客观标准，以此来衡量某种物品对人类需要满足程度的观点，就已成为一种过时的经济思维，而19世纪以后的主流经济学几乎放弃了对“使用价值”这一概念的重视。于是，随着市场交换行为的日益扩大，物品所谓的“使用价值”也就丧失了作为满足人们需要的积极性能力。在这里，只有个人才能判断产品是否适合自身需求，满足需要的

---

[1] 威廉·莱斯. 满足的限度［M］. 李永学，译. 北京：商务印书馆，2016：99.

标准以此实现了一种主观化转向，商品与需要之间的关系愈发凸显出一种模糊性。

但是，莱斯进一步指出："马克思认为，不能简单地取消'使用价值'这一概念。"[❶] 在莱斯看来，马克思通过对使用价值与交换价值以及生产与消费之间辩证关系的考察，全面剖析了一般交换经济的独特性质，揭示了一般市场交换的存在只是特定历史过程的产物，这样就否定了主流经济学家将交换行为视为人类的普遍特性，进而把一般市场交换的存在看作理所当然的观点。不过，在对使用价值和交换价值的阐释中，莱斯对马克思的观点作出了一些批评。譬如，莱斯指出，在马克思的思想中，"对以自用为目的的'直接生产'和以交换为目的的生产之间的区别划分得过于生硬……强调了两种生产方式之间的不连续性，但没有注意到意义同样重大的连续性元素"；"使用价值代表了'交换价值的物质载体'。这里隐含着的意思似乎是：每一个商品都有一个与人类欲望有关的客观特性……"[❷] 如此等等。然而，在《资本论》第一卷中，马克思就曾不断言明，使用价值是一切财富的物质性内容，"在我们所要考察的社会形式中，使用价值同时又是交换价值的物质承担者"[❸]，"使用价值是交换价值的物质基质，是交换价值的承担者"[❹]。联系到马克思对资本主义生产运动的整体批判，更为深入的理解是，"在马克思对概念的规定中，使用价值是与交换价值不可分割地联系在一起的，二者共同构成商品的两个要素，使用价值不可能在绝对独立的意义上单独成为反对交

❶ 威廉·莱斯. 满足的限度［M］. 李永学，译. 北京：商务印书馆，2016：86.
❷ 威廉·莱斯. 满足的限度［M］. 李永学，译. 北京：商务印书馆，2016：88.
❸ 马克思恩格斯文集：第5卷［M］北京：人民出版社，2009：62.
❹ 马克思恩格斯文集：第5卷［M］北京：人民出版社，2009：229.

换价值的纯粹实体”[1]。在某种意义上，莱斯的以上观点只是重复了后现代主义者鲍德里亚等人的说法，凸显了自身思想的局限性及对资本主义批判的不彻底，更没有准确理解马克思主义政治经济学与国民经济学的根本区别。[2]

基于对使用价值与交换价值的阐释，以及对马克思相关思想的反思，莱斯认为，没有商品明确具有源自其物质属性的客观特征。因此，如果按照一般经济学的理解，将商品的使用价值看作商品本身所固有的内在属性，那么，我们就很难清楚认识到各种形式的人类活动与自然环境之间所固有的象征媒介。如前所述，莱斯反复强调“人类需要本身的物质—符号关联”的二重性特征，并且明确指出，高强度市场架构使得商品变成了一种异常复杂的物品，人类所需要的物质与符号关联的模糊性也被复制到了商品之上，商品本身也就成了“特性的集合”。莱斯对商品作为“特性的集合”的相关阐释，从引述美国经济学家凯文·兰卡斯特的观点展开。兰卡斯特所谓的商品的“特性”是指，“每一种有关大小、形状和性能的客观性质都是一种潜在的属性。原则上，如果我们拿来一件物品，在各种生物的、化学的和物理的方面测量它的各种可能维度和各方面的性能，这样我们就评价了它一切可能的属性”[3]。在莱斯看来，兰卡斯特的这一指称从内容上只是又诠释了商品使用价值的相关意义，而兰卡斯特理论的新颖之处在于：后者肯定了消费者对特性保持着直接的即时兴趣，而对商品却只有间接的衍生兴趣，正是这一点充分说明了现代工业化社会中商品的复杂构成。例如，在对食物的选择中，人

---

[1] 张盾．马克思的六个经典问题［M］．北京：中国社会科学出版社，2009：125.

[2] 关于此类观点的批判，张盾在发表于《天津社会科学》2005 年第 4 期的《从后现代主义的挑战看马克思批判理论的当代效应》，以及发表于《贵州师范大学学报（社会科学版）》2005 年第 3 期的《马克思与鲍得里亚：两种不同宗旨的理论生产过程》等文中有深入探讨。

[3] 威廉·莱斯．满足的限度［M］．李永学，译．北京：商务印书馆，2016：91.

们对营养内容、烹调方式及包装、外观等性质的重视，往往超过了对食物本身的兴趣。即使“方便”一词也成为各种商品和服务的基本属性，在人们的选择中发挥着积极作用。在这一状况下，与其说生产者直接出售的是商品，不如说所出售的是一系列特性的集合。

因此，在莱斯看来，相较于那种将每种欲望都视为是对某个特定商品的欲望的早期观点，“在高强度市场架构下，商品失去了它们独立的‘身份’，其本身破碎成一套套特性；这一过程与需要的破碎化有交互关系”[1]。于是，当消费者在面对交互作用中破碎化的商品特性时，必然产生一种获取与商品属性相匹配的适宜信息的要求。但是，面对高强度市场架构下异常复杂的庞大商品阵列，在有限的时间和范围内增加一点相关信息，对于需要与满足需要的商品关系的模糊性并不会产生多少影响。那么，为了释放当前商品阵列中嵌入的客观属性并开始人与物的互动，消费者需要进行不断努力，以便让自己掌握商品的基本特性。与此同时，商品貌似就是一个物品和估算特性的复合体。但是，在高强度市场架构下，各种广告等商业模式的大规模宣导，使得市场信息的数量庞大到令人无法企及的程度，而这些信息蕴含着太多符号或文化因素，商品也就不再是直截了当的物品，而成为一种高度复杂的物质—符号实体，商品的估算特性在这种情况下不可能具有稳定的特征。如此，商品属性的破碎化也就在与需要的破碎化的互动中，将满足需要的手段导向了不确定的深渊，消费者对于商品的属性变得愈发生疏，商品本身却似乎成了一个具有生命的东西。那么，在高强度市场架构下，任何商品所表现的确定性都是一种表面上迷惑人的虚妄，“因为它们中的每一个都只不过是

[1] 威廉·莱斯. 满足的限度［M］. 李永学，译. 北京：商务印书馆，2016：92.

为市场营销技巧——即持续扩大交换范围——的更大战略部署服务的手段而已；是市场营销技巧控制着这些商品在消费者眼中的出现、演变和消失”❶。所谓商品的特性也就在一种反复的运动中被不断地拆散、重组，时而分布在这个商品，时而又转移到别的商品之中，每一种商品都成了由不稳定特性组成的混合物。那么，处身于这一状态中的消费者，也就面临着一种如何确定哪种商品能够适合自身需要的两难处境，而不仅仅担心自己可能成为某种“虚假的需要”或者人为欲望的牺牲品。

如前所述，莱斯指出，高强度市场架构作为市场经济的最新阶段，是由资本主义生产模式带来的。莱斯进一步强调：“如同马克思和波兰尼等作者描述的那样，市场经济的创造依赖于对早期生产模式中对待自然和人类的劳动方式的无情破坏。市场第一次变成了人的命运的基本仲裁者、人与人类之外自然之间关系的基本仲裁者。”❷在这一架构下，不但商品的数量与特性急速增加，需要与商品也在彼此的互动中越来越被看成了一回事，人们甚至越来越直接把对商品消费的程度当作自身福祉的所归。那么，在探索一种人类需要及其满足的适宜框架之前，了解这样一些问题显得尤为重要，譬如，如何理解高强度市场架构的冲击对人类需要的表达带来的变化，以及个人满足与幸福的感觉又处于何种状态，如此等等。在莱斯看来，这就要求将商品与需要破碎化互动过程中的消极因素，从资本主义生产模式所带来的其他问题（诸如剥削与劳动者的异化等）中孤立出来，使得市场经济高级阶段中“商品拜物教”的具体形象得以清晰呈现，以便人们更为真切地认识到这一状况下人类需要及其满足的真实面貌，为探索较为适宜的需要替代性架构澄清必

❶ 威廉·莱斯．满足的限度［M］．李永学，译．北京：商务印书馆，2016：97.
❷ 威廉·莱斯．满足的限度［M］．李永学，译．北京：商务印书馆，2016：99.

要的前提。当然，这些消极方面是由强化了的商品流通所带来的，同样凸显在其他一些以市场经济模式为主导经济制度的国家中。那么，这些消极性表现在哪些方面？在莱斯看来，主要有以下四种：需要范畴的破碎化和不稳定化；需要的性质与商品的属性之间难以匹配；对需要或者欲望的质量越来越不关心；对个人以及作为整体的社会来说，环境风险日益增大。

首先，高强度市场架构引起了人们需要的分裂。在莱斯看来，人们对自身需要的表达，在任何社会状态下都处在一种高度结构化的模式中，譬如，相对于某些文化模式，对食物制作方法的选取总是作为整体的社会系统来确立，并且这些特定模式的变化速度非常缓慢。在这里，尽管不同的个人对于自身需要满足的体验因人而异，但是特定的社会化模式对于个人的具体选择总是发挥着积极的规范作用。然而，在高强度市场架构中，随着商品属性的不断变化，个人的需要范畴与商品之间的联系总是处在一种持续的变化中；“当商品的特性集合开始迅速改变时，个人有关某种特定商品能否满足某种特定需要的看法也就变得不稳定起来”[1]。因此，需要的特性就只能在诸如需要、经验和商品等不同范畴中不断地重新分配。譬如，香烟的薄荷味让人犹如处身在春天来临的气息中，某款汽车的购买又似乎能够诠释一种新的个性。在这样的消费活动中，人们对于自身需要的表达逐渐被碎片化为细小的部分，这些碎片化的需要又随着市场中千变万化的商品阵列，表现出一种短暂、易变、不稳定的状态；在这一状态下，先前的需要范畴在市场的引导下不断瓦解，又不断重新组合为新的需要。在这种需要片段持续的分化与改组过程中，如何确定自身需要体系及其目标就成了一件非常困难的事，消费者

[1] 威廉·莱斯．满足的限度［M］．李永学，译．北京：商务印书馆，2016：101.

越来越难以判断到底是哪种商品才适合自己的需要，个人对满足和幸福的感受也就变得愈发模糊。

其次，高强度市场架构使得商品的特性与需要的范畴难以匹配。莱斯认为：“今天人们提倡的消费伦理依赖于它在需要范畴不稳定化方面的成功。”❶但是，在当前的社会中仍然可以找到发源于过去的各种结构化社会模式中相对稳定范畴的痕迹。尤其是一些现代广告媒介传播的商品信息为了刺激人们的欲望，将所推销的商品和美好生活的某些画面联系起来，而这些画面却是由当代社会的日常生活场景中难觅踪迹的传统图像所组成。例如：

> 慢节奏的生活，静谧与安详，广阔的空间，贴近自然环境（乡村生活的图像）；与挚爱的人们共同享受美好生活（家居生活的图像）；达到了根据自身要求而不是根据制度要求设定的目标（在非体制架构下取得成功的图像）；购物时的那种熟悉与有把握的感觉（手工技巧的图像）；对于质量和良好判断的关心（高雅品味的图像）。❷

又如，另一些广告把某种背景形象编排到商品的宣传中，但二者之间并没有内在联系，就像把汽车或香烟放置在令人惊叹的原生态照片的背景中，或者把酒精饮料瓶子安放在摆满手工家具的农舍里，等等。在莱斯看来，虽然这些商品和背景形象之间的联系往往牵强附会，但广告商们总是试图将由背景图像带来的积极因素传递到商品之中。当然，这样只是为了借助营销手段促进人们的消费。究其原因，原本正是工业化市场经济的不断扩大，使得

❶ 威廉·莱斯．满足的限度［M］．李永学，译．北京：商务印书馆，2016：102.
❷ 威廉·莱斯．满足的限度［M］．李永学，译．北京：商务印书馆，2016：102.

传统生活的图像场景在当代社会的生活经验中逐渐消失，那些由广告所宣导的信息却有意利用这些本来模糊而矛盾的意愿，把人们的满足体验和那些场景联系起来，从而塑造出一套当代社会消费体系的整体范畴。满足体验的幸福感原本基于需要的某些方面与商品特性的成功匹配；但是，高强度市场架构下，需要的碎片化和商品的急速变化早已破坏了那种传统图像中稳定的幸福感，使得今天的人们很难成功达成商品特性与需要范畴的匹配。与此同时，人们的消费选择中碎片化的需要和商品特性的匹配却又被复杂而易变的网络包裹着，每一个具体决定的落实似乎都是一种瞬间选择，主体需要作为一系列片段的集合，也总是由多种方式暂时集合而来的细小颗粒所组成；每种商品的特性也同样以一种没有内在联系的方式分布在各种商品之中，这种主体与对象之间碎片化互动中的混乱状态，使得人们迷失在选择的烦乱中无所适从，个人满足和幸福的感觉充满了不确定性。当然，莱斯的理论侧重于探讨强化了的商品流通所带来的负面影响，在高强度市场架构作为资本主义经济制度根本特征的整体框架中，比需要和商品的破碎化更为根本的是劳动本身的破碎化，正如《西方马克思主义概论》一书中，阿格尔对哈利·布雷弗曼观点的评述：“在后资本主义社会中劳动过程必须进行调整，必须按照把管理劳动过程的权力交还给工人的方向去解决资本主义危机，使他们能合理地计划自己的生产、允许他们在非异化的劳动中去实现自己的愿望和满足自己的需要。”[1] 从生产活动与消费活动相统一的观点来看，在高强度市场架构下商品和需要的碎片化互动中，消费者本身就是“劳动破碎化”的物质载体。那么，联系到莱斯的相关阐释，“调整劳动

[1] 本·阿格尔. 西方马克思主义概论［M］. 慎之，等译. 北京：中国人民大学出版社，1991：423.

过程本身使其不再产生异化而是较符合人的需要，生态危机才能转而导致社会主义变革”[1]。在某种意义上，晚期资本主义社会本身就把过度消费当作了摆脱异化劳动的手段。

再次，高强度市场架构对需要或者欲望的质量漠不关心。在这一架构下，需要与商品在互动中的碎片化造成了二者关系的模糊，这又促动了人们在商品阵列中寻求适宜满足的强烈意愿。那么，一个显见的事实是，“无数个人以市场为实验室，以他们自己的需要和感觉状态为实验课题所进行的庞大的自我实验”[2]。然而，一方面，欲望终究是无法满足的，这种对商品需求欲望的无限扩大必然会损害需要表达的其他维度；另一方面，单纯追求越来越多物品的欲望，也同样意味着“个人对每种欲望的特定性质和那些商品本身的关注必然会因此下降”[3]。在这一过程中，人们难免淡漠了对欲望本身和商品特性的关注，往往因为过于追求满足的数量而忽略质量，造成了自身需要强度的损害，这种损害程度总是同需要与商品破碎化互动中对匹配可能性搜索的广度成正比。例如，我们无法在批量化生产的、千篇一律的塑料家具中看到木质纹理中的细微差别，而更多的木材也已被制成了纸浆。更为严重的是，对于商品质量缺乏重视的态度，以及随时可以用更新、更好的东西替代先前商品的日常经验，也让人们很难再对拥有的物品保持一种依恋，人们对于自身需要的表达也就变得浅薄而琐碎。

最后，高强度市场架构蕴含着巨大而未知的环境风险。莱斯指出：“消费如此之多的商品的可能性依赖于商品生产吸收现代科学知识的成就与技术

---

[1] 本·阿格尔．西方马克思主义概论［M］．慎之，等译．北京：中国人民大学出版社，1991：424.

[2] 威廉·莱斯．满足的限度［M］．李永学，译．北京：商务印书馆，2016：103.

[3] 威廉·莱斯．满足的限度［M］．李永学，译．北京：商务印书馆，2016：103.

创新的狂热步伐。”[1]但是，伴随着科学技术手段的大量使用，数量巨大的剩余物也进入了生物圈，其中包含诸如铅、汞等有害物质，然而，当前的科学水平却并不足以评估它们的潜在危害。例如，运用于喷雾器中的氟碳化合物喷射剂，到底会对大气臭氧层造成多大程度危害？虽然对这一问题并没有明确答案，但一种广泛的质疑已经存在：或许类似危害的程度已经远超于人们的预料。进一步而言，在更为广阔的时间背景中，有害物质在商品生产中的使用，会对自然环境带来极具规模的潜在风险，但是，无论是社会还是个人都无法对这些问题作出较为合理的说明。面对不可预知的未来，人们或许可以把当前的社会实践看作工业社会进行的一场庞大的自我实验。然而，更为合理的观点是，这一实验的最终后果不仅可能危及人类的生存，而且可能危及许多其他生物的生存。因此，在莱斯看来，即便显著放缓当前社会的创新和生产速度，我们也未必就能够有效解决这些问题。因为人类所面对的不是有限的、范围明确的一套变量，而是异常复杂的地球生态系统。没有哪个人能够作出明确的预测，到底科学知识发展到何种程度，人类就能够完全掌握和控制这些复杂的机制。即使在不远的将来，科学的进步能够确认这些机理发挥作用的范围，也能够找到现实有效的解决措施，补偿当前社会实践对生态系统造成的损害，但是，对于今天的我们，更为明智的选择却是，“在商品生产中尽可能降低对于具有潜在危险性的成分的依赖程度。为实施这种更高程度的预防措施，我们必须以大大减少可用人工制品的数量与种类为代价”[2]。究其原因，正如阿格尔所指出的，“资本主义生产的扩张主义

---

[1] 威廉·莱斯．满足的限度［M］．李永学，译．北京：商务印书馆，2016：104.
[2] 威廉·莱斯．满足的限度［M］．李永学，译．北京：商务印书馆，2016：105.

动力由于环境对增长有着不可避免的、难以消除的制约而不得不最终受到抑制”[1]。

总之，上面这四个相互联系的问题，就是高强度市场架构下强化的商品流通所引发的最重要的消极方面，这些影响同样直接体现在商品之中。处身在这一架构下需要和商品互动的混乱状态中，我们至今无法确证这些消极因素及其潜在危害的严重程度。那么，更为切实的问题是，在当前社会高度市场化的生产与消费活动中，又该如何探寻人类需要的一种新的表达，即满足需要的新的架构模式。

三、替代性架构的主客体之维

20世纪后半叶，随着资本主义全球化的发展，地球上是否有足够的自然资源来满足人类需要的问题，已经引起了人们的普遍重视。我们可以把这种忧患意识看作对当代资源高消耗社会的一个警示，但是，在对这一问题形成明确认识以前，地球的生态系统已拉响了警报。莱斯指出：“自从发现了需要把资源提取和利用对环境造成的影响归入总计算中之后，供给问题的总规模已经开始浮出水面。”[2] 面对人类对自然资源日益庞大的需求，对资源的供给能够持续支持社会有序发展的担忧也与日俱增。虽然公共舆论对资源效用与人口统计的预测已经发展起来，但是对地球最大供养能力的估计还充满未知。对最大供养能力的估计所探求的是对地球资源相对于人们当前希望的福利水平，能够维持人类社会持续发展的上限。在这一背景下，科技决定论

---

[1] 本·阿格尔. 西方马克思主义概论［M］. 慎之，等译. 北京：中国人民大学出版社，1991：421.

[2] 威廉·莱斯. 满足的限度［M］. 李永学，译. 北京：商务印书馆，2016：111.

是一种颇受赏识的观点。科技决定论者认为，科学技术的不断发展完全能够保证在提供舒适生活水平的基础上，轻松解决人类社会的资源供给问题。与此同时，另一种观点认为，考虑到自然环境对人们生产活动的限制，地球资源极限的突破会比当前的预想来临得更早。20世纪70年代出版的一系列相关著作，诸如《人口、资源、环境》（1970年）、《增长的极限》（1972年）、《人类前景调查》（1974年）等，对地球资源的极限问题提出了更为严肃的质疑。

莱斯进一步强调，上述对立观点的争论才刚刚开始，无疑会愈演愈烈，但在三个基本点上存在着广泛的共识。首先，即使最为积极的科技乐观主义者也必须承认，经济和人口增长存在某些理论上的限制。毫无疑问，科学技术的不断进步肯定能够缓解一些暂时性问题，但人类总会到达必须去控制经济和人口的时候。从根本上看，科技决定论者所追求的只不过是一种“抵押未来”的方式，充其量只能推迟这一宿命的来临。况且，科技进步乐观主义者的观点掩藏着不愿承担为了未来的潜在灾难性后果而修改当前政策的责任，甚至只是一些人政治上的胆怯与无能的掩饰。其次，对于资源需求和可能的环境退化，人口的增长不是我们进退两难的关键因素。事实上，在这个资本全球化的时代，发达国家的人口只占有地球人口总量的三分之一，却消耗着百分之九十的现有资源。正是这些国家对物质需求的指数式增长及对自然资源和环境的冲击，才是造成当代社会全球性生态危机的直接原因。因此，莱斯指出：“我们面临的直接难题是发达国家对资源不可原谅的掠夺和由此造成的环境退化，这些问题决定了当前全球‘政治经济’的主流趋势，是未来整个人类潜在灾难的源泉。”[1]最后，当前的社会实践在现有参与者所凝结的庞大力量的惯性下，对未来决策的改变发挥着强大的限制作用。在这个发展速度日新月异、行为广度空前巨大的时代，即使当人们严肃地考虑资源与环境问题，试图对现有政策作出一些必要的调整，但在社会实践的强大惯性下，已有方向上的影响将持续很久。在《自然的控制》再版序言中，莱斯就曾借用“超级油轮效应”[2]的比喻形象地说明了这一观点。在莱斯看来，正如一艘满载的油轮在执行转弯命令时一样，即使从现在开始在政策上作出一些相应调整来应对当前日益严重的生态与环境问题，这艘满载的“超级油轮”也还要在原来的方向上有一段很远的路要走。因此，在莱斯看来，“在全球政治经济上施加影响的力量的惯性与复杂性应该让我们意识到，这种惯性与复杂性会裹挟着我们去测试地球供养能力的极限；而我们一直不作为，直到被逼近这一极限”[3]。

我们知道，生态与环境问题凸显的是人与自然之间的相互关系，以上对地球供养能力极限的探讨所关涉的是这一关系的客体维度，对这一维度的考察当然是必要的，但仅仅单一地从客体维度出发，并不能形成充分的认识，还要求将相关问题的研究深入到主体维度，即不能满足的欲望、无限的经济增长以及支撑它们的社会实践的理念之中。莱斯指出：“这一社会实践的实际形式是我们称之为高强度市场架构的东西，它导致鼓励个人将其需要单一地诠释为对商品的需要的状况。”[4]在这一状况下，即使高消费生活方式的

---

[1] 威廉·莱斯．满足的限度［M］．李永学，译．北京：商务印书馆，2016：113.

[2] 威廉·莱斯．自然的控制［M］．岳长龄，李建华，译．重庆：重庆出版社，2007：再版序言 1.

[3] 威廉·莱斯．满足的限度［M］．李永学，译．北京：商务印书馆，2016：114.

[4] 威廉·莱斯．满足的限度［M］．李永学，译．北京：商务印书馆，2016：115.

"理想"对大多数人来说遥不可及，却是社会成员的一种普遍追求，在社会转变的普遍趋势中发挥着关键性作用。高消费生活方式的"理想"鼓舞人们将消费活动安置在日常生活的核心地位，并因为欲望的永无止境不断强化着对现有消费水平的种种不满。在这种持续扩大的满足与不满的恶性循环中，科技决定论者所构想的无尽的未来财富似乎无涉于解决资源与需求之间的两难处境。在莱斯看来，"正是这一社会实践应该对浪费了我们这个星球上的大量资源负责，应该对当前人民的存活依赖于大量使用能源的农业负责，应该对造成人类将来对带有危险性的核能的必须依赖状况负责，也应该对向生物圈引入大量有毒化合物这一事实负责"[1]。因此，我们必须对这一社会实践作出深刻的检查，进而探求一种改变的可能性，以此避免沿着这条路继续走下去，在现行政策惯性力量的支配下去挑战地球供养能力的极限。这一社会实践的特点就是欲望的无法满足和无限制的增长经济的理念。

莱斯进一步指出，这一社会实践本身是一个动态的过程，蕴含着特定框架下需要与商品的相互作用。对于这一动态过程内在结构的揭示，不能只依靠一些正面的抽象标准，而是要联系到具体的社会形式中。在莱斯看来，不论从生物与文化构成的差异出发，还是根据重要性把"需要体系"划分为不同的层级，以及从客观状态或主观感觉区分需要与欲望，都是一种脱离具体社会形式的抽象表达，由此得出的"人类需要基本模式"，并不能对人类需要的特别之处提供太多有价值的东西。莱斯将以上立足于抽象模式的思考称为"需要的积极理论"。在莱斯看来，只有从一种批判性的观点出发，才能

[1] 威廉·莱斯. 满足的限度［M］. 李永学，译. 北京：商务印书馆，2016：115.

够揭示出现实架构中人类需要体系的矛盾，进而澄清掩盖在这一矛盾下个人体认自身需求目的的自我意识。莱斯将这种批判性观点思维模式称为“需要的消极理论”。这一思想理路不会去确立特定历史条件下个人的适宜愿望，也不试图为人类需要的表达提供一种固有的模式，只是努力揭示特定社会实践下人类需要状态的特别形式；尤其在当前高强度市场架构下，面对人类需要问题的种种矛盾，以此审视提出某种新的替代性架构的可能性。从这一立场出发，莱斯进而强调：“尽管人们不能对替代性架构下的需要做出定义，人们却可以假设这一替代性架构出现的必要条件。”[1] 莱斯指出，这样的条件有两个：“为造就一个易于生存社会所需要的制度重组；联系生物圈内其他生物体的需要来实际理解人类的需要。”[2] 莱斯的这一观点综合了对满足需要的替代性架构的主客体维度的双重思考，在对人类需要问题的理解中贯穿着对人类以外自然的考量。如此，当自然界按人的方式同人发生关系时，人也才能在实践上按人的方式同自然界发生关系，那么，人的“需要和享受失去了自己的利己主义性质，而自然界失去了自己的纯粹的有用性”[3]。

基于“需要的消极理论”的思维模式，对地球供养能力的极限以及经济与人口增长限度的考察，所带来的就不再是一种令人痛苦的失望情绪，而是一个难能可贵的机会，让我们认真思考易于生存社会的创建过程中从“数量的积累”到“质量的改进”的转变，这将为需要的表达提供一种新的替代性架构。那么，这种新的架构如何来确立生产与消费水平呢？在莱斯看来，对

---

[1] 威廉·莱斯．满足的限度［M］．李永学，译．北京：商务印书馆，2016：117.
[2] 威廉·莱斯．满足的限度［M］．李永学，译．北京：商务印书馆，2016：117.
[3] 马克思．1844 年经济学哲学手稿［M］．北京：人民出版社，2014：82.

于这一问题的考察同样不能停留在抽象概念的探讨之中，也不应该以人类个性的维度为中心，“我们应该进行探索，看是否有可能建立一个兼收并容的框架，联系人类以外的自然来考虑人类的需要”[1]。当然，这并不是要导向一种不可知论的神秘主义，这一框架包含着对于自然科学的全新理解，以及对这种理解的逻辑扩展。

[1] 威廉·莱斯. 满足的限度［M］. 李永学，译. 北京：商务印书馆，2016：117.

第四章

基于生态正义原则的未来社会构想

通过对晚期资本主义工业社会的审查，莱斯将21世纪看作“一个在全球范围内出现环境危机的世纪”[1]。当然，近几十年来，生态与环境问题也一再受到工业化国家的普遍关注。毋庸置疑，地球只有一个，生态系统的破坏必将危及人类与其他栖息于这个星球上的生物体的生存。在《自然的控制》一书中，莱斯通过对控制自然的观念如何成为现代社会意识形态的考察，分析了以资本主义生产方式为主导性经济制度的现代社会中，科学技术的应用及其一系列的自然与社会后果，揭示了控制自然与控制人之间的内在联系，进而揭露了资产阶级通过控制物而控制人的阶级本性。

《满足的限度》一书是对相关问题的继续与深入，对于今天的人类来说，不但要放弃为了自身的利益而绝对地控制、征服自然的观念，还需要审视高生产、高消费为特征的高强度市场架构下，人类的需要及其实现满足需要的手段之间的关系问题。莱斯通过对需要问题的多重反思，系统剖析了在当代社会强化了的商品流通中需要和商品的互动及其消极影响，主张以一种批判性的观点来看待现实架构中人类需要问题的内在矛盾，以此探求某种新的替代性架构的可能性，这就是所谓“需要的消极理论”。

从这一立场出发，莱斯提出了“易于生存社会”的构想，并将对人类需要的理解联系到生物圈中其他生物体的共同需要，从个人、社会与自然的相互联系中来体认人类社会实践活动的生态维度。易于生存社会是一个符合生态正义的社会，因为生态问题不仅是人与自然的关系问题，还关涉着现实的

---

[1] 威廉·莱斯. 自然的控制［M］. 岳长龄，李建华，译. 重庆：重庆出版社，2007：再版序言1.

社会制度与政治决策，因此，在深层的概念结构上，易于生存社会的设想关乎生态正义如何建构的政治哲学问题。易于生存社会主张停止浪费性的过度生产、放弃无止境的过度消费及变革导致生态危机的现行社会制度，探求一种合乎正义原则的人与自然关系基础上的人类文明新形态。

第一节　走向“易于生存社会”

“易于生存社会”是莱斯对人类未来社会的一个批判性构想，并不关涉具体社会制度及其相关状况的描述。这一构想旨在通过对当代社会高强度市场架构下的生产与消费活动的批判，改变人们对这一社会状况的理解，从而为建立一种更好的社会形态作一些原则性探讨，以便给予处身于高消费生活理想中的人们一种现实启示。

一、实行经济发展的稳态化模式

在《政治经济学原理》一书的第四编“社会进步对生产和分配的相关影响”中，约翰·斯图亚特·密尔（又译约翰·穆勒）写下了“关于稳定状态”（“论静止状态”）的章节，该章探讨了经济发展与人口增长的稳定化问题。密尔指出：从一般的理解来看，“所谓社会的经济进步通常指的是资本的增加、人口的增长以及生产技术的改进”[1]。但是，进步总是一个有限的概念，当经济发展与人口增长停止时，人类社会又会是一种怎样的状态？于是，密

[1] 约翰·穆勒．政治经济学原理及其在社会哲学上的若干应用（下卷）[M]．胡企林，朱泱，译．北京：商务印书馆，1991：317.

尔作出了“静止状态”的设想，他说：“政治经济学家们肯定已或多或少清楚地意识到了，财富的增长并不是无限的，在所谓进步状态的尽头便是静止状态，财富的增长只不过延缓了静止状态的到来，我们每向前迈进一步，便向静止状态逼近一步。”❶在《满足的限度》一书中，莱斯进一步阐释了密尔的相关思想，进而指出，在当代工业社会的高速发展下，物质财富的极大增长并未有效改善人类的整体状况，反倒引发了日益严峻的生态问题。在莱斯看来，正是一百多年来，西方社会占统治地位的思想对密尔的建议视而不见，使得当代工业社会的发展处于一种失控状态；其中有观点认为，“在资源与财富分配出现残酷竞争的情况下，稳定状态的来临或许会导致更为激烈的冲突和以集权政治手段解决问题的尝试”❷。

密尔关于“稳定状态”理论的核心是将从数量标准向质量标准的转变视为未来社会进步的主要诉求。密尔本人并没有从正面意义上对“稳定状态”提出具体论述，也没有指出怎样的社会实践对积极实现这一状态是适当的。密尔关于“稳定状态”的阐释，批判性意义大于建构性意义，他的这一思考模式与莱斯的“需要的消极理论”较为契合，也直接启迪了莱斯对易于生存社会的构想。因此，在对相关问题的讨论中，并不存在与“稳定状态”和“易于生存社会”目标相适宜的具体社会状况的直接指认，也没有向人们宣导某种特殊的实际建议，而是试图以此探求在社会变革方向上可能的替代性模式的一般特征。在莱斯看来，“稳态经济”是易于生存社会首要的关注所在，这一经济模式能够提供一种实现质量改进的期待，以此转变人们对社会

❶ 约翰·穆勒．政治经济学原理及其在社会哲学上的若干应用（下卷）[M]．胡企林，朱泱，译．北京：商务印书馆，1991：317.
❷ 威廉·莱斯．满足的限度[M]．李永学，译．北京：商务印书馆，2016：121.

发展的传统看法，为有效解决当代日益严重的生态与环境问题寻找一条可能的现实途径。在密尔的阐释中，虽然那些将资本主义生产方式看作社会生产的永恒自然形式的政治经济学家，在资产阶级意识形态外衣的包裹下，也承认经济的发展最终会不可避免地走向“稳定状态”，但他们把经济的发展与社会的进步直接联系起来，将此种状态看作一种令人沮丧的状况。譬如，密尔指出：“亚当·斯密始终认为，在静止状态中，人民大众的生活虽然也许并不是绝对贫困的，但必然是很拮据的，只有在进步状态中，人民大众的生活才会是令人满意的。”[1] 在这些政治经济学家眼里，对于自然而正常的人类事物而言，人口的持续增长和生活资料的不断增加是关涉整个人类物质福祉的关键性要素。

与这些政治经济学家不同，密尔反对这种将资本和财富的静止状态看作社会之恶的观点。从思想史来看，如亚当·斯密、托马斯·马尔萨斯等人之所以将资本和财富的静止状态看作是令人厌恶的，其本质上正是资产阶级意识形态的反映，后者思想核心的重要因素正是“自私理性”主导下的竞争原则。由此也就不难理解，在这些政治经济学家那里，“人类生活的正常状态就是生存竞争”，“相互倾轧和相互斗争，是激动人心的社会生活，是人类的最佳命运，而决不是产业进步诸阶段的可恶象征”[2]。在某种程度上，密尔肯定生存竞争的原则也许是人类文明进步的一个必要阶段，却并不认同这是一种理想的生活模式。在密尔看来，如果以某种原则促进的增长并不能改善人类社会的整体状况，那么这种增长本身并不具有什么重要意义。与此相反：

---

[1] 约翰·穆勒. 政治经济学原理及其在社会哲学上的若干应用（下卷）[M]. 胡企林，朱泱，译. 北京：商务印书馆，1991：318.

[2] 约翰·穆勒. 政治经济学原理及其在社会哲学上的若干应用（下卷）[M]. 胡企林，朱泱，译. 北京：商务印书馆，1991：319.

资本和人口处于静止状态，并不意味着人类的进步也处于静止状态。各种精神文化以及道德和社会的进步，会同以前一样具有广阔的发展前景，“生活方式”（Art of Living）也会同以前一样具有广阔的改进前景，而且当人们不再为生存而操劳时，生活方式会比以前更有可能加以改进。[1]

结合密尔的相关思想能够了解，“稳态经济”所要求的是停止过度生产，实行经济的慢增长甚至零增长，并不是对经济发展的单纯否定。在莱斯看来，当代的全球政治经济推崇一种普世的发展模式，它以欲望无法满足和无限制增长经济的理念为特点，体现出一种复杂的惯性力量，这一力量裹挟下的社会形式就是高强度市场架构。当然，莱斯指出：“高强度市场架构是作为市场经济的最新阶段出现的，是由资本主义生产方式带来的。”[2]因此，不以利润和积累为目标的“稳态经济”，本身就是对资本主义生产方式的根本否定。正如恩格斯所言，“资本主义生产是不能停下来的：它必须继续增长和扩大，否则必定死亡……这正是资本主义生产易受伤害的地方，它的阿基里斯之踵”[3]。没有了经济发展和利润积累，资本必将自行瓦解。但是，经过数百年历程，今天的资本主义已由早期自由市场阶段过渡到晚期垄断阶段，当代资本主义通过国家调控降低了结构性经济危机风险，也通过创造丰裕的物质财富缓和了阶级矛盾。然而，资本主义世界的这些新变化，却是依赖过度生产与过度消费的生产—生活方式实现的，这就造成了资源的过度消耗与

---

[1] 约翰·穆勒. 政治经济学原理及其在社会哲学上的若干应用（下卷）[M]. 胡企林，朱泱，译. 北京：商务印书馆，1991：322.

[2] 威廉·莱斯. 满足的限度[M]. 李永学，译. 北京：商务印书馆，2016：99.

[3] 马克思恩格斯全集：第21卷[M]. 北京：人民出版社，1979：230.

环境的过度破坏，引发了当代社会日益严重的生态危机，生态危机也正是当代资本主义更为深层的社会危机，体现了这一生产方式与人和自然之间关系的内在矛盾。正如阿格尔的判断，“垄断资本主义的发展已导致两方面的矛盾：一是关于国家的合法职能与积累职能之间的矛盾，另一是资本主义的生产和消费与受到威胁的生态系统之间的矛盾”[1]。

因此，在莱斯看来，面对当代日益严重的生态问题，只有以“稳态经济”取代高强度市场架构的发展模式，才能从根本上改变这一状况。很明显，“稳态经济”要求一种从数量标准到质量标准的转向，以此作为社会进步的主要诉求，这是新时代背景下的一种新的发展理念。联系到我国当前“生态文明”的理论建设，正如有学者指出：

> 生态学马克思主义者认为，过度生产是造成多种生态灾难的直接原因，因此有计划地降低生产已成为对全球经济的一道“生态命令”，放慢经济增长速度不仅是必要的，而且是必然的。对西方国家来说，降低经济增长速度会导致其“合法性危机”的加剧；对我国来说，控制经济增长速度，提高经济发展质量，则是我们实现可持续发展、建设生态文明国家的一个必要选项。[2]

二、实现满足方式的生产性转变

易于生存社会的第二个关注要点是实现满足方式的理念转变，这也是实

---

[1] 本·阿格尔. 西方马克思主义概论［M］. 慎之，等译. 北京：中国人民大学出版社，1991：422.

[2] 张盾. 马克思与生态文明的政治哲学基础［J］. 中国社会科学，2018（12）：20.

行“稳态经济”模式的内在要求。在《满足的限度》一书中，莱斯说，“我在本文论点中的主要预想之一是：高消费理想往往会将个人满足的所有努力导向商品领域”[1]。在莱斯看来，“高消费理想”正是高强度市场架构的基本特征，在这一社会架构下，人们不断受到各种刺激，将自身需要的满足完全导向持续扩大的商品阵列。莱斯指出：“这样的社会鼓励其公民追求自己需要的满足，并且越来越把这种满足导向单纯的消费活动，而且要通过部分地忽视个体自我实现的所有其他可能性（诸如具有创造性的工作与令人满足的工作环境）来完成。”[2] 因此，人们也就将消费等同于满足、等同于幸福，试图通过消费活动来补偿在社会生活的其他领域中感受到的不足，甚至完全把对商品的消费当作衡量幸福的标准。

如前所述，莱斯通过高强度市场架构下需要与商品的碎片化互动，详细分析了强化了的商品流通所带来的诸多消极影响。莱斯进而指出，在早期的傅立叶、马克思及当代的弗洛姆、马尔库塞等人的著作中，则从正面理想与价值批判的意义上，阐释了探求社会变革的可能性方案的具体特征。这一流派通常认为：“人类满足必须植根于创造一个人们共同活动、共同做出重要决定的功能良好的环境，他们将在这一环境内创造满足其需要的手段。”[3] 这一社会变革的替代性方案将人类的劳动与业余时间同样看作能够实现满足的丰富空间，而不再单纯地将满足的实现限定在消费活动中，这将为“稳态经济”模式下社会进步的主要诉求，即从数量标准向质量标准的转变提供充足机会，同时也能够使人们认识到：“不断增长的消费是不可能补偿其他生

---

[1] 威廉·莱斯. 满足的限度［M］. 李永学，译. 北京：商务印书馆，2016：57.
[2] 威廉·莱斯. 满足的限度［M］. 李永学，译. 北京：商务印书馆，2016：32.
[3] 威廉·莱斯. 满足的限度［M］. 李永学，译. 北京：商务印书馆，2016：122.

活领域中遭受的挫折的，那么，他们就会认为进步的社会变革的前景取决于在消费领域之外的其他领域，即在消费领域之外，照常能够达到满足和幸福。”[1]

这类正面的理想和价值主要强调需要的表达和满足方式的转变，并没有提供一套现成的替代方案。因为任何满足需要的替代性架构都无法预先确定不同的质量范畴带来的后果，这也正是莱斯“需要的消极理论”在方法论上的基本特征。在莱斯看来，人们的基本需要在现实的社会生活领域总是多种多样的，而实现满足的手段更是异常丰富，完全没有必要局限在专门化的商品和服务中，我们有理由认为，“进步的社会变革的前景取决于确认在除消费过程之外的其他活动领域中，也可以确立人的满足和幸福感”[2]。从这种观点出发，“满足的可能将主要是生产活动的一种功能，而不是如同我们今天所在的社会中那样，主要是一种消费活动的功能”[3]。阿格尔进一步概括为，“人的满足最终在于生产活动而不在于消费活动”[4]。当然，以“稳态经济”发展模式为特征的易于生存社会并不抵制消费活动，商品消费与市场交换行为本身并没有善恶属性——“只有当商品交换倾向于成为满足需要的唯一方式时，人们才有担心的理由”[5]。从根本上而言，“往往只根据疯狂的消费活

---

[1] 陈学明. 人的满足最终在于生产活动而不在于消费活动［J］. 马克思主义与现实，2002（6）：61.

[2] 本·阿格尔. 西方马克思主义概论［M］. 慎之，等译. 北京：中国人民大学出版社，1991：478.

[3] 威廉·莱斯. 满足的限度［M］. 李永学，译. 北京：商务印书馆，2016：123.

[4] 本·阿格尔. 西方马克思主义概论［M］. 慎之，等译. 北京：中国人民大学出版社，1991：475.

[5] 威廉·莱斯. 满足的限度［M］. 李永学，译. 北京：商务印书馆，2016：124.

动来确定人的幸福，这恰恰是当代异化的特征”[1]。莱斯反复强调，商品本身在任何社会架构下都是一种“物质—符号实体”，体现着象征性和物质性的双重统一，人类需要本身也具有物质—符号关联的二重性特征，但是，人类需要的满足是一个本质上无法测量的，充满暧昧与矛盾的模糊状态。尤其在高强度市场架构下，强化了的商品流通将人类需要的满足完全导向了商品领域，与此同时，“人类需要本身的物质—符号关联所固有的模糊性也复制在这些商品上”[2]。在这种模糊而复杂的状态中，人的需求本身很难直接跟商品联系起来。

莱斯进而指出，埃万·伊里奇的“共同欢乐”（conviriality）概念，对理解相关问题具有积极意义。“共同欢乐”所描述的是这样一种社会状态，它基于人与人以及人与环境之间自主与创造性的交流活动。“共同欢乐”的社会旨在逐步分割工业化经济的庞大制度结构，减少个人对于这种社会结构的过度依赖。从这一观点来看，人类天生具有和解、安慰、感动、学习、筑屋和安葬的能力，它们中的每一个都能够满足一种需要，而且完全能够通过自身能力实现，并不需要过分依赖于商品。然而，当代社会的高强度市场架构，却将人们需要的满足单一地导向了商品领域，而这种商品的生产与消费活动的规模化和组织化，又阻碍了个人其他天赋和能力的发展，原本它们可以通过个人主体性行为，诸如修造房屋、烹制食物、裁制衣物等实现。在莱斯看来，这种“共同欢乐”的社会鼓励人们最大限度从事与直接性生产相关的活动，而不是把所有活动完全倒向市场领域。由此，我们能够认识到：

---

[1] 本·阿格尔. 西方马克思主义概论［M］. 慎之，等译. 北京：中国人民大学出版社，1991：476.

[2] 威廉·莱斯. 满足的限度［M］. 李永学，译. 北京：商务印书馆，2016：84.

“人类也许最终不是根据量的消费（多少商品）而是依据质的消费（更好的文化、艺术、精神的享受和实现）来确立幸福。”[1] 这正是生态学马克思主义者对资本主义异化消费批判的现实启示。

从理论的回溯来看，生态学马克思主义者提倡的满足方式转变，本身就是对马克思关于“人的本质是自由的有意识的活动”思想的发展。在《1844年经济学哲学手稿》中，马克思指出：“一个种的整体特性、种的类特性就在于生命活动的性质，而自由的有意识的活动恰恰就是人的类特性。”[2] 作为人的类特性的“自由的有意识的活动”就是劳动，因为劳动正是人的生命活动的表征，人类作为类存在物，正是通过劳动来表现自身生命的。在马克思看来，动物与自己的生命活动保持着直接的同一性，人的生命活动却是自己意志和意识的对象，有意识的生命活动正是人区别于动物的根本标志。当然，就其首要性而言，“劳动这种生命活动、这种生产生活本身对人来说不过是满足一种需要即维持肉体生存的需要的一种手段”[3]。因为人本身也是自然存在物，从肉体方面而言，人和其他动物一样必须依靠自然的无机界生活，但人却能够将自己的生活转变为自己的对象。对动物而言，它们只能按照自身种的尺度和需要生产，而人却能够按照任何一个种的尺度进行生产，并且能够把内在的尺度运用到对象之中。人只有在从事自由的有意识的劳动时才体现出人的功能，人之所以能在劳动中获得无上满足，正因为人只有通过劳动才能实现自己的本质，体现出自由的有意识的作为人的类特性的本质。因此，“人不是消费动物，寻求物质享受是人的一个基本需

[1] 本·阿格尔．西方马克思主义概论［M］．慎之，等译．北京：中国人民大学出版社，1991：493．

[2] 马克思．1844 年经济学哲学手稿［M］．北京：人民出版社，2014：53．

[3] 马克思．1844 年经济学哲学手稿［M］．北京：人民出版社，2014：52．

求，但并不是真正使人成其为人的本质的需求”[1]。

根源于《1844年经济学哲学手稿》的相关思想，在西方马克思主义者中得到不断发扬。譬如，法国著名生态学马克思主义哲学家安德烈·高兹把“沉醉于在消费领域获得满足还是寻求在生产领域获得满足，概括为经济理性与生态理性之间的区别”[2]。在高兹看来，“在经济理性的指导下，生产必然仅仅是被商品交换所支配，它必然被在一个自由的市场上进行交换这一原则所驱使，在这一市场上，被割裂的生产者面对着同样是被割裂的购买者，它们在竞争中发现自身”[3]。因此，人只有摆脱经济理性的束缚，将自身的活动转移到生产领域，才能够获得自身活动的满足，也才能够实现人之为人的，人的类特性的“自由的有意识的活动”。高兹强调从经济理性到生态理性的转变，即是鼓励人们将获取满足的方式从消费领域向生产领域转移。另一位对资本主义异化消费展开系统批判的西方马克思主义者、法兰克福学派成员弗洛姆则指出，如果当代社会的人在消费活动中的目的是要将异化消费转变为人的消费，这就必然要求从根本上变革产生异化消费的经济活动，这就意味着“使生产为人性的真实需要服务，因为这些需要尚未得到满足，而不是为那些人为造成的需要服务”[4]。弗洛姆认为：“机械化工业生产所要求的高度常规化劳动，根本就不能给人带来快乐或满足。……区分劳动的技术

---

[1] 崔文奎．人的满足最终在于创造性的生产劳动［J］．山西大学学报（哲学社会科学版），2008（1）：27.

[2] 陈学明．人的满足最终在于生产活动而不在于消费活动［J］．马克思主义与现实，2002（6）：62.

[3] 陈学明．人的满足最终在于生产活动而不在于消费活动［J］．马克思主义与现实，2002（6）：62.

[4] 埃利希·弗洛姆．健全的社会［M］．欧阳谦，译．北京：中国文联出版公司，1988：351.

性方面和社会性方面是很重要的。虽然劳动的技术性方面使人可能感到乏味，但总的劳动境遇可以给人许多满足。”[1] 在这些思想家看来，资本主义制度下，人原本能够通过自身劳动来实现的、对于自身类本质追求的满足，却被高消费理想引导下的物质享受所代替，原本表征自身“自由的有意识的活动”的劳动，也就成了被迫的强制性劳动，即异化劳动。借助康德的范畴，我们能够理解：劳动在马克思主义哲学的视域中是“自律”的，任何强制性的、受制于外在约束的“他律”活动，本身就不属于劳动。

联系到马克思本人有关资本主义的批判，正如马克思所言：在资本主义制度下，“人（工人）只有在运用自己的动物机能——吃、喝、生殖，至多还有居住、修饰等等——的时候，才觉得自己在自由活动，而在运用人的机能时，觉得自己只不过是动物。动物的东西成为人的东西，而人的东西成为动物的东西”[2]。那么，一旦外在的强制性消失，“人们就会像逃避瘟疫那样逃避劳动”[3]。这种外在的强制性劳动就是异化劳动，它从劳动过程中剥夺了劳动对象，剥夺了整个自然界，也剥夺了人的类生活，将人相对于动物而言的优点变成了缺点。因此，只有扬弃异化劳动、异化消费，把资本主义生产方式所主导的强制性劳动转变为人的“自由的有意识的活动”，实现劳动的解放，也才能够实现人的解放。在这种追求中，人的“生活的意义主要在于人的自主的创造性的劳动，在于人与人之间、人与自然之间自主的创造性的交流，这些目标在一种‘简单的生活’中就能实现，而不是把消费活动置于生活的核心地位”[4]。这正是莱斯“易于生存社会”构想的应有之义。

---

[1] 埃利希·弗洛姆．健全的社会［M］．欧阳谦，译．北京：中国文联出版公司，1988：305.
[2] 马克思．1844 年经济学哲学手稿［M］．北京：人民出版社，2014：52.
[3] 马克思．1844 年经济学哲学手稿［M］．北京：人民出版社，2014：52.
[4] 张盾．马克思与生态文明的政治哲学基础［J］．中国社会科学，2018（12）：21.

三、寻求替代性社会政策的变革

那么，如何保障“稳态经济”模式的实行，以及实现人们在满足方式上从消费领域向生产领域的转变呢？这就需要对相应的社会政策作出充分考量。莱斯关于易于生存社会的构想所涉及的第三个要点就是阐释社会政策变革的必要性与合理性。莱斯指出：“通过市场交换得到复杂的已加工商品的可能性与对满足需要手段的局部的直接控制成反比关系。”[1] 在莱斯看来，商品生产的重要性总是随着特定的历史条件和社会组织及个人愿望的不同而变化，当代高强度市场架构却企图采用一种普遍化模式，即市场交换的相关性能，对每一种社会的综合经济机制进行无差别定位，这显然是一项毫无益处的工作。进一步而言，如果某个特定社会的权利分散到足够允许社会成员可以享有范围广泛的种种选择，甚至也没有必要在这个特定社会内部推行任何统一模式。然而，在资本全球化时代，世界范围的工业化经济体中一般化市场交换的主要倾向之一，是在各国内部和国家之间推行一种使物质目标和生活环境的无价值统一模式。在莱斯看来，这一结果并不是科技进步本身所造成的，而是偏向于支持大型、集中的生产技术去支配中小型技术方式的社会政策所致。在这种状况下，由具体社会政策促动的国家与私人投资模式，使得生产资源高度集中，进而相应损害了都市以外不与生产组织中心直接联系的社会与经济活动的活力。因此，“只有在社会政策克服了现有的全国范围内的财富集中和广泛的地区不平衡之后，这些对不同模式的选择才会成为切实可行的替代性架构”[2]。这就促使对具体社会政策的反思显得至关重要。

---

❶ 威廉·莱斯．满足的限度［M］．李永学，译．北京：商务印书馆，2016：124.
❷ 威廉·莱斯．满足的限度［M］．李永学，译．北京：商务印书馆，2016：124.

有关替代性社会政策的考察，涉及多方面问题，诸如导向的目的、目标及一些基本特征。

首先，替代性社会政策所指向的并不是重回普遍贫穷的艰苦环境，而是要有意舍弃由集中生产所带来的某些存疑“效益”，将现代技术的优势分散到更为广阔的范围中。如果提倡另外一种统一模式来替换现行高强度市场架构，那么这种替换本身也是自我挫败的。事实上，当代的农村生活往往可以简单看作城市生活更为贫穷的翻版。为了使从城市到小型村落形成各种同具活力的生活环境，就必须让当前更为偏爱生产集中和一般化商品交换的大部分投资，转而用于支持替代性社会组织模式。现行社会政策组织模式下的“理想型人物”，集中居住于城市多层高楼之中，依赖庞大复杂的系统应对垃圾处理、能源供应及食品和其他必需品的供给问题。这种生活环境的各个方面都是能源密集的：住宅的供暖和降温、机械化农业、交通、商品的制造及废品的回收等，无一不是高能耗的。为了维持这种生活方式，又必须投入大量资金到矿物燃料的取用及兴建核电站等事项中。莱斯认为：“这些投资本可以转而用于支持替代性理想的高效科技。”[1]譬如，用于建设依靠太阳能和风能供电的小型住宅和小建筑群，用于从废品的再生中回收养料，以及进一步在通信和局域计算机终端采用新技术以克服分散型小群落的不利条件，等等。

其次，这种替代性社会政策的目标并不强迫所有人接受一种整齐划一的生活模式，而是让人们能够拥有更具吸引力的其他选择。莱斯指出：“现在的投资决定带有仅仅给出单一选择的效果，即选择高强度市场架构下集中生

[1] 威廉·莱斯．满足的限度［M］．李永学，译．北京：商务印书馆，2016：125.

活的城市人群，似乎只有这种选择才有生命力。”[1]但是，在替代性政策条件下，工业化和复杂科技的积极方面，可以向当代社会提供一种以前社会从未有过的舒适环境，即能够维持一种丰富多彩生活方式的状况，这同样对每个人都更加具有吸引力。在莱斯看来，只有如此才有可能在当前条件下，为解决个人需求的差异而发展各种不同的满足需要方式。如果现代生产技术的本领能够用于更公平地分配物质和文化成就，而不是强行要求人们在一种单一模板下生活，那么个人就可以在更为广阔的范围内拥有更多的选择自由。由此，个人就可能在许多层面上实现满足的交换，就能够通过日常品的生产活动获得满足，而不仅是单一地依赖消费活动。当然，不同个人对不同选择的相对兴趣，总是部分地由整体的社会选择确定。诸如工业化国家战后生活水平的提高，在某种程度上建立于可获得的廉价能源与矿产存在之上；但这种情况正在发生迅猛变化。因为能源与资源价格的不断上升及环境的退化，不久将会开始限制这种高消费生活方式所期望的目的。如果想要支撑日益广泛的满足形式，商品质量就会逐渐下降，以至于形成一种“虚假的满足”。在这种状况下，高强度市场架构的替代性方案只要不受社会制度的抑制，就可能表现出更大吸引力。

最后，替代性社会政策并不是寻求返回某种所谓较早社会形态的“黄金时代”，而只是指出现行生产消费活动方式压抑了人的自主性、创造性和责任感。在对替代性政策的讨论中，总有一些观点认为：这里隐含着崇尚早期社会发展形式的某种理想，力图回归一种先前的“黄金时代”。因此，他们把对高强度市场架构的替代方案贬斥为原始、脱离实际和反动的幻想。事实

[1] 威廉·莱斯．满足的限度［M］．李永学，译．北京：商务印书馆，2016：126.

上，有关易于生存社会的替代性方案，并不认为以往的早期模式就已经较好地实现了人与人以及人与周围环境之间的一种“自治与创造性交流”，而只是明确强调高强度市场架构所促动的生产与消费活动对个人形成的压抑。当然，对于个人自主性、创造性和责任感的压抑，本来就广泛地存在于大部分社会组织形式中，而现代工业主义的某些成就业已为它们的表达开创了新的可能性。因此，没有必要认为“现存的社会代表了对个人自我实现的某种永不缓和的压抑；我们也不必认为，任何一套替代性建议都预示着对人类弊病药到病除的完全疗效”[1]。关键在于，对于相关问题的考察能够带来一种警示：幻想现行模式起作用的时代即将一去不返，替代性挑战能够拓宽我们考虑未来的选择范围。

基于替代性社会政策的多重考察，莱斯进而指出，当前社会变革的方向被物质生产的无限制发展及支撑这种生产的基础设施所主宰，它以更加精密的大规模技术、更高的能源消耗、生产与人口的集中化，以及功能的越来越专门化和商品花色的繁多为特征。这种理想的消极方面会导致某些危险，这些危险的潜在影响如此之大，以至于当人们能够认清其本质时，或许早已错过了有效应对的时机。然而，这些消极特征却内在于上述占统治地位的观念结构中，并且与高强度市场架构的成功与繁荣保持着正比。一旦这种制度因某种约束开始动摇，这种理想就有可能出现一系列预料不到的困难。有鉴于此，在可能的方向上有两种不同办法：其一，虽然对高消费生活方式的约束因素已经形成，人们仍然尽可能长久维持这种社会理想；但是，由于依靠商品积累来衡量的总生活水平不再增长甚至开始下降时，现存的不平等将继续

---

[1] 威廉·莱斯. 满足的限度［M］. 李永学，译. 北京：商务印书馆，2016：127.

存在甚至加剧。因为，一方面，这种社会理想的实施有赖于将人们的全部欲望和追求都导向消费领域，随着有希望获得的满足范围不断缩小，人们的忧虑和失落就会加剧；另一方面，由于现今人们总体的物质期望水平远高于过去，社会的摩擦势必急速增加。因此，如果想要在这种条件下维持一种高消费生活方式，就必然要求采取由少数精英阶层所操纵的更富压制性的独裁政治。其二，采用一种开放的办法，即之前提及的替代性模式，在这种情况下，人们将受到更多鼓励直接参与满足需要的相关活动，而不像当前流行的倾向，把所有需要都导向日益模糊的商品世界。在莱斯看来，采用后一条道路虽然需要更大的勇气与远见，但实行这种办法所需的才干和手段业已具备。如果想要让这一替代性方案获得成功，那么，在现行制度的挫折感还未引起人们的绝望情绪时，就需要由此出发。这一方案基于批判性分析原则，旨在充分揭示把个人需要单一导向商品领域的社会结构的缺陷，希望以此改变社会政策和资本投资的方向，减少人们对这一机制的依赖。当然，这必然要求采用尽量减少能源与资源消耗的方式来满足人们的需要。在莱斯看来，这一“新的途径将随社会经济、政治、科技、文化与地域特色而有差别。无法事先描绘出这些途径以诱使人们踏上旅途”[1]。但只有这种办法才具有可行性，它有别于那种有关替代性思想的一系列详细规定。

在莱斯看来，在经历了又一个百年“发展”后，在社会变革的重大方向上，我们能够提出比密尔更为恰当的指导性方针，即易于生存社会的构想。这是一个把各个工业发达国家社会政策的总体效果综合在一起的社会，它的目标是最大程度地降低人均资源的消耗和物质需求，以及人类需要的满足对

---

[1] 威廉·莱斯. 满足的限度［M］. 李永学，译. 北京：商务印书馆，2016：129.

于商品的依赖。它要求把未来大部分科技创新都用来实现相应目标，并与环境中积累的工业剩余物展开积极斗争。当然，莱斯同时指出：“只有当一系列相关政策（如逐步战胜局部性地方贫穷的政策，这种贫穷甚至在最为富有的工业化国家中依然存在）成为上述目标的有机组成部分时，向易于生存社会的转化才会呈现出社会进步的形式。”[1] 如果缺少这些现实条件，那么，这一构想对社会中的弱势分子而言，可能只是他们贫困状态的另一种形式。易于生存社会有两个基本要点：其一，“与其说它是一个目标，还不如说它是从与幸福相脱离的定量标准而走向幸福的定性标准的社会政策的一个参考性组织框架”[2]。因此，应当把它视为社会变革的强化动态阶段，而不是将其看作人类远大抱负惨遭失败的象征。其二，易于生存社会并不以国民生产总值的增长、下降或者稳定不变的经济形势作为衡量指标，因为这种形式必然随着特定状况而变化。较为紧迫的是，资源的重新配置与政策的重新导向，以及使满足需要的问题不再仅被视为消费活动的功能。譬如，在日常的社会实践中，应该持续保持对工作满意程度和生产活动的关注。

相较于密尔的“稳定状态”更关注保证社会的公平，莱斯“易于生存社会”构想则直接指向当代工业化经济社会中人类的实际生存状况。当然，密尔提出“稳定状态”设想的背景并非生态危机，而是社会问题，即由于财富的分配存在巨大不平等，经济的快速增长并未给人民大众带来好处。因此，密尔主张停止经济增长，设想在一种静止状态中“财产的这种更好的分配，可以通过个人的远虑与节俭以及一套有利于公平分配财产的法律制度的共同

---

[1] 威廉·莱斯. 满足的限度［M］. 李永学，译. 北京：商务印书馆，2016：129.
[2] 威廉·莱斯. 满足的限度［M］. 李永学，译. 北京：商务印书馆，2016：129.

作用来达到”[1]。密尔的这一设想闪烁着社会主义思想的光芒，也使我们意识到生态问题与社会政治问题是不可分割的。全球化的大规模产业结构、投资模式、技术方式是造成消费社会生存模式和生态危机的根源，易于生存社会旨在替代消费社会，而“只有在社会政策克服了现有的全国范围内的财富集中和广泛的地区不平衡之后，这些对不同模式的选择才会成为切实可行的替代性架构”[2]。

莱斯和阿格尔等生态学马克思主义者设想以小规模的、劳动者自我管理的技术生产模式，来替代跨国资本对生产和消费的控制，消除整个社会生活对商品过度生产和过度消费模式的依赖，采取一种新的以简约为特征的生活方式，以便从根本上解决生态危机带来的问题。阿格尔指出：“我们认为，控制生产和分配的过程，避免浪费性的过度生产的最好办法，是粉碎又大又累赘的资本主义政治经济的官僚主义的集中化。”另外，“我们主张分散化，但并不意味着我们必定会反对任何集中的社会主义计划概念……相反，在全面的计划性与市场的无政府状态之间也许会存在一种中间的组织形式，它能使生产和消费得到合理的确定”[3]。很显然，这正是我国社会主义市场经济的制度优势，它所指向的目标正是一种生态文明的易于生存社会。

在《满足的限度》一书中，莱斯有意简略了物质利益分配中持续存在的根本性不公平，以及与此相关的社会不平等，侧重于探讨当代工业化社会高强度市场架构下的人类需要问题，力图揭示这一特定体系所隐藏的社会变革

---

❶ 约翰·穆勒. 政治经济学原理及其在社会哲学上的若干应用（下卷）[M]. 胡企林，朱泱，译. 北京：商务印书馆，1991：321.

❷ 威廉·莱斯. 满足的限度［M］. 李永学，译. 北京：商务印书馆，2016：124–125.

❸ 本·阿格尔. 西方马克思主义概论［M］. 慎之，等译. 北京：中国人民大学出版社，1991：492–493.

动力。因为在莱斯看来，“决定这一体系中人类需要对环境冲击的，是当前或规划中的总需求，而不是利益的不均衡分配”❶。正如阿格尔在对莱斯思想的解读中明确所言：“社会变革的动力就植根于人的需求与商品的相互作用的过程之中，而这种过程是由有限的生态系统确定的。”❷

当然，密尔“稳态经济”的设想也同样涉及与生态问题相关的人与自然的关系问题；但是，在这一问题上，密尔保持着他那个时代许多思想家共同持有的一种审美观念，即在野性自然的体验中更优雅地表达人类的情感。密尔说：

> 一想到世界将丧失其生机盎然的景象，变得一片光秃，每一寸能为人类种粮食的土地都将被耕种，每一块长满花木或青草的荒地都将被翻耕，所有野生禽兽都将因为与人争食而被灭绝，人工栽种的每一棵灌木或多余的树木都将被砍除，野生灌木和野花都将在农业改良的名义下被当作野草而予以铲除，想到这样的世界，就叫人不舒服。❸

有别于密尔的审美情怀，面对当代资本全球化所促动的消费社会及其诸多消极影响，莱斯关于易于生存社会的构想则将“关注的中心从审美转向生态生存”❹。因为今天人类高生产—高消费的生产生活方式对自然环境的冲击

❶ 威廉·莱斯. 满足的限度［M］. 李永学，译. 北京：商务印书馆，2016：145.
❷ 本·阿格尔. 西方马克思主义概论［M］. 慎之，等译. 北京：中国人民大学出版社，1991：486.
❸ 约翰·穆勒. 政治经济学原理及其在社会哲学上的若干应用（下卷）［M］. 胡企林，朱泱，译. 北京：商务印书馆，1991：322.
❹ 本·阿格尔. 西方马克思主义概论［M］. 慎之，等译. 北京：中国人民大学出版社，1991：485.

已经相当严峻，这就要求我们必须把人类的需要问题看作生态网络系统中一个不可分割的有机部分。

第二节 易于生存社会中的自然观念

易于生存社会更是一个生态生存[1]的社会。在地球的生态系统中，人类社会是其有机组成部分，正如马克思所言：

> 自然界，就它自身不是人的身体而言，是人的无机的身体。人靠自然界生活。这就是说，自然界是人为了不致死亡而必须与之处于持续不断的交互作用过程的、人的身体。所谓人的肉体生活和精神生活同自然界相联系，不外是说自然界同自身相联系，因为人是自然界的一部分。[2]

那么，在对未来社会的构想中，易于生存社会是一个主体维度的考量，而生态生存社会则是客体维度的阐释。基于客体维度的考察，势必要突破以人类个性维度为中心的思维模式，这就要求必须联系到人类以外的自然的需要来实际理解人类的需要问题，在尊重自然独立性的基础上充分考察人类满足的来源。

---

[1] "生态生存"一词见本·阿格尔《西方马克思主义概论》第七章对《满足的限度》相关章节的引文（本·阿格尔. 西方马克思主义概论［M］. 慎之，等译. 北京：中国人民大学出版社，1991：485）。

[2] 马克思. 1844年经济学哲学手稿［M］. 北京：人民出版社，2014：52.

一、关注“人类以外自然的需要”

在对需要理论的考察中，莱斯分析了几种通常流行的区分方法，在莱斯看来，“需要”概念是对社会实践的抽象，只有联系到特定的社会形态才能更为切实地理解人类的需要问题。人的需要既不是一个绝对的既定存在，也不具有内在的普遍性，而是历史与社会的产物。正如马克思所言：“我们的需要和享受是由社会产生的。”[1] 鲍德里亚也说：“人并不是拥有着他所有的需要，先在地存在于那里，并在自然的驱使下来完满和诠释人之为人的特性。……甚至最为基本的功能也都立即成为体系的‘功能’。任何时候，人都不曾拥有基本的需要。”[2] 由此可见，脱离了特定的社会形式，任何对于人类需要问题的探讨都只是一种抽象表达。

从这种抽象观念出发，人类的需要本身只会被理解为一个纯粹的主体性概念，相关问题的探讨必然会局限在以人类为中心的狭隘框架之中。那么，在这一框架下，只关注与人类状态相适宜的方面也就显得理所应当，如此必然漠视人类社会实践对生物圈中其他生命体的影响。当然，在人类学家的著作中，也总闪现着对人类生态模式的关注，但并未有效构成对人和自然环境相互关系的反思。面对当代工业社会对自然环境的冲击，探寻一种生态生存的社会形态已是当务之急。在莱斯看来，“我们现在必须放弃那种以人类为中心的狭隘思想体系，转而发展一种广泛的方法来寻找将人类需要与生物圈内其他生物形式的一般需要相协调的特别方法”[3]。

---

[1] 马克思恩格斯选集：第 1 卷［M］. 北京：人民出版社，2012：345.

[2] 让·鲍德里亚. 符号政治经济学批判［M］. 夏莹，译. 南京：南京大学出版社，2009：71.

[3] 威廉·莱斯. 满足的限度［M］. 李永学，译. 北京：商务印书馆，2016：131.

（一）所谓“开明自利”

将对人类需要的考虑联系到人类以外的自然，并不是构造一种新的神秘主义，而是力图建立一个兼收并容的框架，以此避免自然与社会主客对立的二元思维模式。从这一立场出发，莱斯提出了“自动平衡”（homeostasis）的概念：“这一概念描述了控制一个物种与其环境间关系的一些过程。”[1] 在这些过程中，面对物种的竞争、季节和气象的变化、食物的获取及局部的偶发性灾难，每一物种的成员都通过持续的成功适应，不断调节自身行为来抑制任何破坏平衡的干扰，由此呈现出一套复杂的反馈循环系统。

从这种反馈循环的相互关系出发，莱斯分析了人类的进化过程。首先，对于人类而言，能够更为有效地捕获猎物成为第一个成功的适应过程，这使人类成为至上的高效捕食者。其次，栽培植物与驯化动物技术的不断改进，使得物种与环境的平衡偏向于人类自身，人类社会由此进入了大规模永久定居模式。最后，现代科学技术的不断发展完善了人类征服自然的基础性工具，人类社会的组织形式迈入新阶段，人与环境的关系发生了质变。当然，莱斯指出：“以上任何一项都不意味着一切与人口有关的环境反馈回路已被排除。”[2] 在某种意义上，这只是意味着在人类能力的提升中，其他物种自动平衡过程中的反馈模式受到了压抑，全都受控于技术操纵的独特人类模式。人类俨然成了地球上一切物种的主人。

在莱斯看来，这一独特的人类模式凸显着双重特征。一方面，从积极因素来看，这一模式为人类文化走向精细和丰富创造了条件，其中包括人类的

---

[1] 威廉·莱斯．满足的限度［M］．李永学，译．北京：商务印书馆，2016：131.
[2] 威廉·莱斯．满足的限度［M］．李永学，译．北京：商务印书馆，2016：132.

需要领域。但是，在某种意义上，人类文化的发展是通过修改与自然环境的反馈回路达成的。那种由环境直接给予的状况，在人类发展的过程中不断被改变，人们不再接受现成的自然，而是通过改造自然的方式寻求自身需要的满足。从马克思的思想出发，自然环境有着先于人类活动的特性，没有自然界，没有感性的外部世界，就没有什么东西能够被人类创造；但是，人作为有意识的类存在物，“懂得按照任何一个种的尺度来进行生产，并且懂得处处都把内在的尺度运用于对象”，并“通过实践创造对象世界，改造无机界”[1]，从而再生产出整个自然界，自然界也就被纳入人类的实践活动，成了属人的自然。马克思说：“正是在改造对象世界中，人才真正地证明自己是类存在物。这种生产是人的能动的类生活。通过这种生产，自然界才表现为他的作品和他的现实。”[2] 马克思从哲学的高度上对人和周围自然环境的关系做了阐释，莱斯通过“反馈循环系统”对人类发展模式的经验性描述，内在地符合马克思思想的基本原则。在莱斯看来，人类在自然界中的存在从来都不是单纯被动地适应，而是通过一套复杂媒介的交织作用，不断调节自身满足来源的范围来对抗自然环境的外在阻力。“正是从这一阻力出发，人们根据自己对一整套‘需要系统’的反思性理解，发展了决定自己与环境之间相互作用的人类需要。”[3] 在人类社会的发展历程中，日益丰富的符号媒介始终发挥着积极作用，将人类个体和群体的诸多分散要求转化为跨历史的文化体系，并通过代际传承。

另一方面，从消极因素而言，这一模式又造成了人类与自身以外自然

---

[1] 马克思．1844 年经济学哲学手稿［M］．北京：人民出版社，2014：52.
[2] 马克思．1844 年经济学哲学手稿［M］．北京：人民出版社，2014：52.
[3] 威廉·莱斯．满足的限度［M］．李永学，译．北京：商务印书馆，2016：132.

的分离，其突出表现为：人类以一种征服者的形象操纵周围环境的高傲态度。这种高傲态度的实践表达总是将人类自身的目的看作唯一导向，忽略了人类的生产与消费活动对其他生物体的冲击。基于物质需要的高消费理想所建构的社会实践，即这一态度最极端的表现。在莱斯看来，正是“这种社会实践把人类以外的自然仅仅视为达到人类满足的手段”[1]。由此，人们越来越疏离于对自身需要的本质性关注，陷入了由需要与商品的碎片化互动构筑的模糊罗网。在莱斯看来，这正是人类的生存状态在高强度市场架构下的现实写照，由此促动的能源密集型工业化生产对自然环境产生了无法估量的风险，而这些风险又被要求维持经济无止境增长的复杂生产过程不断强化着。然而，如果人们将对生物圈容忍极限的问题纳入考虑，这种通过彻底改变环境反馈回路的模式，很难说就是对人类需要的合理化管理。莱斯指出，“生物圈中存在着某些容忍极限；发达国家的工业生产体系现在正在测试这些极限；我们现在不知道这些极限是什么；让我们继续沿着现在这条路走下去，直至达到或超过了这些极限才幡然悔悟：这是不明智的”[2]。当有朝一日，太多消极后果充分呈现时，人类或许能够采取相应措施缓解，但很可能因此付出灾难性代价。

有鉴于此，莱斯认为，一种“开明自利”的思想原则尤为重要，只有如此，我们才能重估人类需要本身对自然环境造成的冲击。在莱斯看来，人类当前的科学知识已经证明了地球生态系统的理论极限，这要求我们在更大的范围内，将人类以外自然的需要纳入对人类需要的统筹之中，并根据当前最为迫切的整体需要，调节人类自身的物质需要。从这种开明自利的思想原则

---

[1] 威廉·莱斯. 满足的限度［M］. 李永学，译. 北京：商务印书馆，2016：133.
[2] 威廉·莱斯. 满足的限度［M］. 李永学，译. 北京：商务印书馆，2016：134.

出发，首先需要重新规划科学技术研究力量的次序规则。例如，研究喷雾器推进剂以减少对大气臭氧层的影响已经相当紧迫，而相关研究能够占有的社会资源却远低于那些应用于市场追求的资源，倒是后者在持续扩大着消极影响。又如，人类对于热核能源的普遍依赖，是否经过了开明自利原则的慎重考虑？面对当代社会生态风险的日益加剧，是否可以选择更为合理的替代性方案，去鼓励太阳能和风能的开发？等等。在莱斯看来，“维持人类在地球上的活力有一些一般要求，我们要发展对它的科学认识，并能在这一过程中建立一项开明自利计划”[1]。

（二）超越伦理规范的理论局限

20世纪后半叶，一些学者从“伦理规范”的角度阐述生物多样化的重要性。他们认为：“地球上某种程度的生物多样性对于复杂形式的有机生命的持续活力是必要的。”[2]他们强调，生物的多样化本身就存在着一定的，与人类生存和健康相一致的独立价值，人们理应重视这种生物多样性伦理规范的内在价值。

在莱斯看来，这种“生物多样化伦理规范”的构想，展现了将人类需要联系到人类以外自然需要的某种尝试，能够超越人类中心主义的短见拙识，但显得过于乐观。莱斯指出：“如果任何更为广阔的参考框架出现在现代社会中，它都必须与以现代科学为基础的人类对自然的认识一致。”[3]当然，这并不意味着要将解释自然的一切权利都交付给科学，是因为现代社会随着科

[1] 威廉·莱斯．满足的限度［M］．李永学，译．北京：商务印书馆，2016：135.
[2] 威廉·莱斯．满足的限度［M］．李永学，译．北京：商务印书馆，2016：135.
[3] 威廉·莱斯．满足的限度［M］．李永学，译．北京：商务印书馆，2016：136.

学技术的发展，也招致了一系列生态风险和生物灾难。从开明自利的思想原则出发，对人类以外自然需要的考虑重视于一定的功能参数，以此来定义诸多生命形式的共同利益。譬如，我们可以运用自然科学的现有知识，来标示大气中臭氧层的那些基本参数。虽然当今的科学发展并不能完全精确地对任何事物都进行标示，但人类现有知识的这些不足，也更提醒我们要以异常谨慎的态度来看待人类的社会实践可能对生物圈造成的冲击。莱斯指出："尽管我们有着强大的科技创造能力，但我们还是可能发现，对于某些行动造成的不良后果，我们只能在它们对人类与人类以外的生命形式造成了可怕的代价之后才能减轻。"[1] 质言之，开明自利思想原则坚持用一种长远的观点来看待人类的未来前景，依靠现有知识谨慎审议那些对待自然的科学方式。毋庸置疑，对复杂生态系统的精确认识并不是一件容易的事，但更为重要的是，如何将现有知识合理地运用于社会政策，这就需要更为有效地规划具体的制度措施。事实上，当代政治与经济制度往往更关注较为短期的发展目标，那么，"生物多样化伦理规范"的构想又该如何在人类的社会实践中发挥作用呢？这是一个难以确定的问题。

进一步来看，在国际关系层面，各个主权国家总是在不同的制度架构所决定的经济和政治领域，因为相互利益的纠纷展开着复杂的斗争，这种斗争远远超过了人类对共同环境利益的关注，甚至对环境的考量本身就渗透着各种政治力量的角逐。尤其是在当代工业化社会的国际环境下，只有经济的长足发展才能更好地保障主权国家的政治权力、国防建设及国际上的控制力。因此，对于环境退化的关心貌似是一种主流观点，却总以宽免对生产的严峻

---

[1] 威廉·莱斯. 满足的限度［M］. 李永学，译. 北京：商务印书馆，2016：136.

影响为前提。如果经济领域出现了困难，取消或者放宽环境标准的声音就会不绝于耳，那么，如何有效应对远期环境退化的问题，也就很难得到现今国际秩序和社会制度的充分支持。因此，莱斯指出："我们现在还无法想象在全球范围内应用类似生物多样化伦理规范这一类东西。"[1] 但是，我们可以选择一种更为可行的方式，在国内经济的较小范围内，开始一种切实行动来代替虚幻信念的跃进。在莱斯看来，"此事关乎人们对于环境退化对多种生命形式的共同利益的威胁：正是出于这一观念，我寻求将人类以外的自然的需要与人类对于满足的追求相联系"[2]。

（三）让自然界拥有法律权利和法律地位

基于"生物多样化伦理规范"构想的批判性考察，莱斯进而指出，不论生物体或是社会群体，有需要就有必须保卫的利益，并同时存在着共同利益与竞争利益。然而，如何定义共同利益及裁定竞争利益，这是法律系统的职权。法律系统奠基于权益平等的理念。但是，在当代社会的意识形态下，人们普遍认为，行使权利和保护自身的利益是人类及其创造物（制度及人造物品）的专属。莱斯指出，美国学者克里斯托弗·斯通在《树木应当享有诉讼资格吗？》一书中提出的"自然实体的法律权利"观点，对相关问题的研究带来了新的启示。斯通尝试在法律的意义上裁定环境及其组成部分的竞争利益，并认为现有的法律系统能够通过适当调整来处理这一问题。斯通认为："人们应该仿照处理无法律能力者的问题的态度处理自然物的法律问题……同理，我们应该有一个体系，通过这个体系，如果某自然物的朋友感觉它处

---

[1] 威廉·莱斯．满足的限度［M］．李永学，译．北京：商务印书馆，2016：138.

[2] 威廉·莱斯．满足的限度［M］．李永学，译．北京：商务印书馆，2016：138.

于危险之中，他就可以向法庭申请为它指定监护人。”[1] 在这种情况下，人类使用自然环境及其资源的权利与自然物在某种程度上享受保护的权利，可以被视为两个独立的权利实体，人们应该在二者之间寻找一种恰当的平衡。

强调“自然实体的法律权利”，并不意味着要以此褫夺人类对自然物的使用权，这一点在联系到法律的基本状态时就能够理解。在法律意义上，一个权利主体的法律身份，并不具有豁免于他者对自身索取的绝对权利，人类的法律身份也并不足以构成保障自身生命或财产权利的绝对条件。因为法律身份确立的是在相应程序下如何运用特定手段保护自身利益的问题。莱斯指出：

> 如果人们决定采纳这一建议，法庭可以为一片受到污染的湖泊指定一位法律监护人；该监护人向污染的责任方提起诉讼，要求消除污染，并给以合适的处罚；而且，如果损害经过了评估，罚款将用于移除污染物或设立保护系统以防止环境进一步退化。[2]

如此，“自然界中每件事物都应被认为具有权利因此具有法律身份，这一假说可以为以下参考框架提供一个基础：人类利益可以在考虑生物圈中其他自然物利益的情况下加以检查与测度”[3]。这样就能够为合理解决人与环境的争议利益提供一个公平、正义的平台，进而创建一套符合生态正义原则的法律政策。

---

[1] 威廉·莱斯. 满足的限度［M］. 李永学，译. 北京：商务印书馆，2016：139.
[2] 威廉·莱斯. 满足的限度［M］. 李永学，译. 北京：商务印书馆，2016：140.
[3] 威廉·莱斯. 满足的限度［M］. 李永学，译. 北京：商务印书馆，2016：140.

那么，这一建议是否具有可行性呢？在莱斯看来，首先需要回答反对者的意见。一些观点认为，只有人类具有清楚表达自身利益与愿望的能力，因此只有人类及其创造物才拥有相应的权利。对于类似观点，莱斯指出：在现今科学的理解中，生物物种和生态系统都有维持健康发展的作为生物实体完整性的要求；各个生物物种与生态子系统也都有各自的生命周期，在没有人类干预的前提下，它们在自身的生命周期内存亡、变化；当代科学也一直在"持续积累有关这些生命周期的各个阶段越来越复杂的知识，包括它们的进化过程所达到的当前层次"[1]。从当代科学的视角出发，人们可以对某一条件下特定物种或生态系统的进化发展进行评估，并将所得知识作为参照来测度人类活动造成的偏差。当然，相关科学研究的目的并不是要禁止一切对自然环境的人为干预，而是要建立一种独立的有关自然物及生态系统的完整性科学观念，以此来理解和规范生物圈内的竞争利益，达成一种人类需要对环境影响的新认识。这一方法的优势在于，"它依赖于一个为裁定冲突而建立的已有制度；它与我们的科学认识方式及其有关自然的观点一致；它对我们的科学理解做出变化的反应，因此它是动态的而非静态的"[2]。另外，更为重要的是，法律系统的开放性特征能够充分根据当下知识和感觉变化作出相应调整，以应对自然物或生态系统中可能的变化。法律以权利概念为基础，但权利实体（人类与非人类）及权利类别，总是随着社会价值及知识状况而变化。那么，联系到人类生产和消费活动的消极影响，基于生态正义的原则，考虑到人类自身的健康安全与地球生态系统的长久平衡，则应当遵循权利实体与类别的变化状况，对现有法律观念进行必要变革，统筹人类以外自然的需

---

[1] 威廉·莱斯．满足的限度［M］．李永学，译．北京：商务印书馆，2016：140.
[2] 威廉·莱斯．满足的限度［M］．李永学，译．北京：商务印书馆，2016：141.

要，将生物圈的健康安全同样纳入人类自身考量的范围之中。在莱斯看来，“自然实体拥有法律权利的想法可以在有关生态体系功能的最新科学进展中找到根据”[1]。然而，相关的科学知识并不能直接发挥作用，这就要求创建相应的实行框架来规范人们的日常行为，以便能够使科学知识在社会制度的建设中发挥积极作用。

正如本书第二章所述，数百年来，一种“征服自然”的观念成为人类对待自然的基本态度，通过工业化社会进程的不断推进，俨然成为当代社会最具影响力的意识形态之一。但是，这一革命性的社会实践改变了人类赖以生存的地球生态系统的基本面貌，造成了人与自然关系的紧张，引发了日益严重的生态危机。对自然的征服原本是一项人类理性能力的事业，却在社会利益的相互冲突中落入非理性之网。在新的时代背景下，我们理应以人类理性之基重思这一问题，力求达成一种理解自然的新的理性精神。这正是开明自利思想原则的内涵所在。“让自然物拥有法律地位的想法本身并非目的，而应该是对自然物权利从理智、情感到制度的变化系列中的一个环节，这将反映‘人类与人类以外的自然之间关系的一个根本性的新观念’。”[2]这一新观念之所以不是从“生物多样化伦理规范”的构想出发，而要将问题的关键落实在“自然实体的法律权利”，归根结底，只是因为法律领域本身即为处理利益冲突的理性辩论而设，法律程序能够尽量保证将理性的决定付诸有效行动。

在莱斯看来，“当前最为紧急的，就是需要为理性辩论与行动开辟一个空间，而不只是抽象陈述新价值。为建立不同的行动世界，我们需要首先就

---

[1] 威廉·莱斯. 满足的限度［M］. 李永学，译. 北京：商务印书馆，2016：142.
[2] 威廉·莱斯. 满足的限度［M］. 李永学，译. 北京：商务印书馆，2016：142.

可以采取的步骤进行公开讨论并做出实际规划”[1]。当然，为了实现创建符合生态正义原则的易于生存社会，必然需要探索一些将人类需要与生物圈一般需要相协调的有效方法。承认“自然实体的法律权利”是达到这一目标的特定手段，它可能并不是一个完美的计划，也必定会在实际的运行中遭遇种种困难，但是，这一构想能够为保护自然环境的立法实践提供某些现实思路。事实上，反观当代社会的法律体系，其本身也并非运作于纯粹的理性背景中，作为一种制度，它同样部分地被占主导地位的社会与经济权力所支配，难以回避特殊利益对共同利益的优势地位。在莱斯看来，“如果这种一般情况对自然物法律身份的实施造成了难以克服的阻碍，人们就必须找到其他更为适宜的方针来应用开明自利的原则”[2]。

二、回归自然哲学

对人类需要问题的探讨，不但要突破人类中心主义的思维框架，更要联系到特定的社会形态。高强度市场架构正是晚期资本主义工业化社会形态的基本特征。在《满足的限度》一书中，莱斯对这一架构下的人类需要问题做了详尽考察。莱斯认为：“在高强度市场架构下，个人受到激励，把他们的需要导向不断扩大的商品阵列所代表的种种满足。”[3]高消费理想也就成为当代工业化社会形态中人们的普遍追求。在这一理想的感召下，人们通常认为，只有不停顿的经济发展才是实现满足人们需要的最佳途径，甚至将物质需求问题与人类是否可能满足的问题直接等同起来。在莱斯看

[1] 威廉·莱斯．满足的限度［M］．李永学，译．北京：商务印书馆，2016：142.
[2] 威廉·莱斯．满足的限度［M］．李永学，译．北京：商务印书馆，2016：143.
[3] 威廉·莱斯．满足的限度［M］．李永学，译．北京：商务印书馆，2016：15.

来，正是这种对商品物质需求的持续膨胀，促进了对自然资源的过度消耗与自然环境的过度破坏，不断测试着地球生态系统的极限，破坏着自然生物圈的平衡。因此，考察人类社会的总需求对自然环境的冲击显得尤为重要。

（一）“尊重自然”观念的政治哲学内涵

一些富有影响的激进思想家认为：“在尝试解决任何人类与人类以外的自然之间关系固有问题之前，必先成功地达成人类社会成员间的社会平等。”[1]当然，平等、公正与正义的社会原则及其在此原则下物质利益的均衡分配，是当代政治哲学的重要话题，值得更多学者为之探讨并提出远见卓识。然而，无论当前社会内部的不公平与不平等状况处于何种程度，生态危机却正在向人类社会走来。生态危机是致命的，不但危及人类社会的良序发展，甚至可能毁灭人类社会本身。笼统地看，生态危机的爆发正是当代社会工业文明发展的消极后果，与高强度市场架构所导向的高生产—高消费的生产—生活方式直接相关。在一定意义上，生态问题也是一个关乎人类社会的正义问题，以至于我们可以断言：生态正义问题也是一个政治哲学问题。虽然这一问题只是晚近才被提上政治哲学议程，但它是和政治哲学数百年来争论的社会正义问题（如权利不平等、分配不公平）同等深刻，甚至更为深刻的新课题。只有在政治哲学的平台上，我们才能对生态问题的根源和本质取得某种真正彻底的认识。

然而，对晚期资本主义高强度市场架构下高消费理想及其生态影响的批判，却并未像对社会不公平的抨击那样激烈。在莱斯看来，人们大有必要挑

---

[1] 威廉·莱斯. 满足的限度［M］. 李永学，译. 北京：商务印书馆，2016：146.

战当前社会形式中广泛存在的不公平，但是，将人们满足的愿望完全导向商品领域的挑战同样重要。这是因为：

> 社会各阶级之间固有的敌意和工业化国家的高消费生活方式中存在的结构性不公平是一整套更广泛的矛盾的组成部分，这一矛盾还包括另一个部分，即作为整体的社会与自然环境的相互关系。人类不同形式利益之间的敌意、社会与环境间的敌意，这两大维度在一个矛盾整体内彻底交织在一起。❶

然而，当一定范围的经济困难开始呈现时，总有一些政府、公司或者工会组织就会要求放宽对环境污染的限制，在这些社会内部及社会与自然的错综矛盾下，经济体系继续以原有的轨道运行。事实上，坚持物质生产领域的持续增长本来就是更大范围内掌握着支配权力的利益集团所秉持的教条。不过，对于这一教条的反对却并不能简单化处理，否则可能带来自我挫败的后果。

如果不能调整当前社会的满足方式，仅是单一地反对生产领域的增长，一切当前的社会不公正必将继续保持下去，甚至可能更加恶化。因此，在任何开明的社会实践中，物质生产的稳定或者下降并不会被认为是一种能够向更好社会发展的保证，稳态化经济模式的追求也并不是构建生态正义社会的最终目的。问题的关键在于：要努力寻求高强度市场架构的替代性模式，以此解放人类需要的满足过程，使之完全脱离市场活动的诱导，不再将其单一

---

❶ 威廉·莱斯. 满足的限度［M］. 李永学，译. 北京：商务印书馆，2016：146.

地限制在消费活动中。就此而论，重新诠释人们的需要与满足，才是当代工业化国家变更市场体系的第一要务，稳态化经济制度的实行则会积极促进这一目标的实现。

当然，在诸如大气、海洋污染及自然环境退化等方面，不同经济体系与工业化发展水平的社会实践，均构成了对自然环境和其他生命体共同利益的影响。但是，在一般的社会状况下，各个国家的工业化程度不同，这些问题就不能等而视之。从全球视野看，更多经济落后国家与发展中国家，人均资源消耗程度较低，科学技术发展水平落后，提高人民的物质福祉占据着较为重要的地位，“就社会政策而言，人们必须全面考虑不同社会制度下变革的各种选项以及不同的制度制约”[1]。基于这种理解，那些工业化发展水平较高的国家有着先进的物质生产水平，已经具备了将更多生产资源转用于鼓励建设替代性架构的能力，也就可以开始一种新的导向，协调社会和环境之间的关系。即使这些国家当前的社会政策与民众心理，在以相对和平的方式重构满足方式的问题上还存在着较多不确定因素，但我们还是要考量现有社会政策与科技水平是否已经具备了导向替代性架构的能力。这一替代性架构力求改变那种不断助长需要与商品模糊性互动上升的生产模式，全面减少人类活动对自然资源与自然环境的无意义掠夺和破坏，来探寻更多满足需要的可能性范围。

莱斯进而指出：“根据扩大的市场架构对社会与个人的有害后果而对它进行的批判起源于马克思、凡勃伦和涂尔干等社会思想家的经典著作。”[2]自这些思想家的时代以来，不断扩大的市场架构渐而转化为当前的高强度市场

[1] 威廉·莱斯．满足的限度［M］．李永学，译．北京：商务印书馆，2016：149.
[2] 威廉·莱斯．满足的限度［M］．李永学，译．北京：商务印书馆，2016：149.

架构，这一转化隐含着人和自然之间关系的变化，但人们并未对此形成足够认识。当这一关系所凸显的矛盾愈发紧张时，任何建立在二者分离基础上的努力都注定徒劳无功。因为在当今高强度市场架构下，社会问题和环境问题已经彻底缠绕在一起，这就要求我们必须直面问题本身，重新审视这一架构下人和自然的关系，而不是人为地设定不同的应对顺序。在莱斯看来，这种超越现存状况的导向，“鼓励我们改变自己对满足和欢愉的感觉，同时也意味着鼓励我们尊重人类以外的自然的‘独立性’”[1]。当然，尊重人类以外的自然的独立性并不是要鼓励任何神秘主义，而是主张将自然看作具有意志的实体，不再仅仅被视为人类满足的来源。因此，在当前高强度市场架构所主导的高生产—高消费模式下，人们将掠取自然资源当作唯一的目标来看待自然，也就完全远离了太多可能体验的质量。那么，这种对自然的尊重就意味着，“我们与自然之间的关系具有一整套可能的体验范围，我们将不会硬性将这一范围缩减为一个单一模式”[2]。“尊重自然”就像“征服自然”一样，只是一个比喻的表达，旨在提供一个有用图景来提示人们如何重新制定对待自然的方式。

（二）传统“尊重自然”观念的两种错误

在“尊重自然”的态度方面，莱斯批判了习常的传统观念。这一观念一味提倡使用“自然”现成物，拒绝任何工业化产品，并主张“大自然不言而教”，完全无视“自然”过程的负面含义。

在莱斯看来，这一观念凸显出两种错误：首先，“人类社会组织的存在

---

[1] 威廉·莱斯．满足的限度［M］．李永学，译．北京：商务印书馆，2016：149.
[2] 威廉·莱斯．满足的限度［M］．李永学，译．北京：商务印书馆，2016：149.

本身代表着对自然过程（这些自然过程造成了所有其他造物的生命周期）的一种基本‘干预’”[1]。这种“干预”通过历史传承，不断发展为一套远比其他社会性动物更为精密丰富的行为模式，人类通过这些模式应对自然并调节着自身对自然的作用。即使在人类社会初期，原始人类的数量与健康变化也无法和其他动物的生命周期相比。从根本上来说，人类从没有单纯地服从过自然，所服从的只是自身文化中对于自然的观念。用马克思的话说，“动物只生产自身，而人再生产整个自然界”[2]，人作为有意识的类存在物，正是在对作为对象世界的自然界的改造中体现着自己的类本质。

其次，“对自然物质而不是工业生产的物质的天真偏爱通常存在于一些‘健康食品’爱好者中间，这种偏爱建立在一种不完全的化学知识的基础上”[3]。事实上，在前工业社会，虽然并没有明确的实验室分析活动，但加工植物材料的传统工艺同样基于实验学方法所确立的化学和生物学知识。况且，这些流传的方式有些是有益的，有些没有明确后果，有些却全然有害。与此相似，当代工业化生产活动提供的商品也同样不能笼统地区分利害。因此，问题的关键在于，如果没有更为精确的识别方法，我们根本无法仅通过自然物与非自然物的单纯范畴来区分各自的裨益。当人们在赞赏那些用植物染料加工的衣物以及用传统方法喂养的动物肉类时，也无法否定由工业技术改进的更为卫生、舒适和方便的生存环境。

然而，当代工业化生产方式确实带来了一系列显而易见的危害，这些危害尤其体现在化学、生物学技术的使用中。例如，在食品名义的鼓噪

---

[1] 威廉·莱斯．满足的限度［M］．李永学，译．北京：商务印书馆，2016：150．
[2] 马克思．1844年经济学哲学手稿［M］．北京：人民出版社，2014：52．
[3] 威廉·莱斯．满足的限度［M］．李永学，译．北京：商务印书馆，2016：150．

下，生产出许多古怪稀奇的实验室调制品；对于二噁英等有毒物质的散乱使用与随意倾倒；甚至当前争议较为激烈的转基因食品，等等。在这一状况下，因为信息的不对等，虽然大部分人对自身所承担的风险并不了解，但是，被限制在消费领域中的个人，往往会不可避免地被当作实验载体与垃圾商品的消费者，参与到由少数人控制的市场活动所构造的化学盛宴中，沦为资本追求利润的过程中不负责任的合作者。虽然我们无法确定这一活动可能的风险范围，但以一种谨慎的态度努力缩小这个范围显得尤为必要——“控制我们的工业技术、逐步禁止一切非必要的化学品应用，要求在批准普遍使用任何化学品之前对其远期环境影响进行严格得多的实验室测定”[1]。

这种谨慎态度不是鼓动人们完全拒绝新科技的应用，而是呼吁一种更加开明的公共政策，不要等待由一连串的危机事件来揭示问题的本质。由此而言，对自然的尊重不应建立在对科学技术的全面否定上，也不应把追随事件的自然发展进程当作实际行为的最佳指南，而是力图寻找一条中间道路，使得当前的科学文化能够容纳尊重自然的理性观念，并由这种观念引导以工业化技术为特征的当代文化，以改变相关的实际事务进程。

（三）重塑“尊重自然”的理性主义精神

当然，我们不必认为现代科学就是解释自然的唯一的有效方式，但是，它对自然过程的理解确实超过了以往任何时代的“自然哲学”（natural philosophy）。尤其在对物质自然环境及生物圈内物种的生物和化学性特征方面，现代科学已经积累了丰富的知识。我们理应充分利用现代科学的成就，

---

[1] 威廉·莱斯．满足的限度［M］．李永学，译．北京：商务印书馆，2016：152.

但不能认为以此就能够或者完全去控制自然及其复杂的相互过程，而是需要更为清醒地认识到，“为了短期利益而试图越来越大规模地操纵生态相互作用会牵涉到太多的风险”[1]。因为，一方面，人类社会内部的各种利益冲突及其相关的经济、政治活动，往往会影响科学技术应用的实际效果，这就可能出现前者对后者的过分干预；另一方面，当科学知识对自然复杂性的把握更加深入后，也会清楚地揭示出大规模操作生态相互作用的不可能性。那么，基于这种自然和社会的双重局限，即使人类具备了必要手段，也要限制其在社会实践中的肆意运用，这是将“尊重自然”作为理性观念的应有之义。从这种新的理性主义精神出发，对自然的尊重（即放弃大规模操纵环境）就是保护人类的长远福祉，不但会“通过减轻我们对其他生命体施加的直接与间接的压力而为它们带来相当可观的‘意外之喜’”，也“会让我们感到一种比我们能在现在的活动中感到的更为美好的满足与愉悦”[2]。

在新的理性主义精神中，“尊重自然真正意味着尊重我们自己的本性，同时也尊重我们本性的局限性”[3]。事实上，即使人类想要在当前的社会体系中完全有效地管理操纵地球生态系统的全部后果，也是一件根本不可能的事，因此，必须承认并努力接受这些局限。这种对操纵环境能力的自愿限制，也是尊重人和自然关系的一种可能体验。莱斯指出：“如果能够认识到抑制我们的操纵能力的必要性，就会为我们更完美、更平衡的自然体验敞开道路，这种体验符合自然的美感或美学品质。”[4]在一定程度上，这意味着现

[1] 威廉·莱斯. 满足的限度［M］. 李永学，译. 北京：商务印书馆，2016：153.
[2] 威廉·莱斯. 满足的限度［M］. 李永学，译. 北京：商务印书馆，2016：154.
[3] 威廉·莱斯. 满足的限度［M］. 李永学，译. 北京：商务印书馆，2016：154.
[4] 威廉·莱斯. 满足的限度［M］. 李永学，译. 北京：商务印书馆，2016：155.

代自然科学向传统"自然哲学"的回归，但回归并不意味着等同，它以一种全新的科学概念和理性主义精神强调"尊重自然"，强调尊重人与自然关系上所有可能的人类体验。在《1844年经济学哲学手稿》中，马克思就曾指出，一方面，人直接地是自然存在物，"人只有凭借现实的、感性的对象才能表现自己的生命"❶。另一方面，人再生产整个自然界，"人懂得按照任何一个种的尺度来进行生产，并且懂得处处都把内在的尺度运用于对象；因此，人也按照美的规律来构造"❷。基于对马克思的理解，现代自然科学向传统"自然哲学"的回归，同样意味着"自然界的真正复活"，以及对自然的人道的占有，它是"人和自然界之间、人和人之间的矛盾的真正解决，是存在和本质、对象化和自我确证、自由和必然、个体和类之间的斗争的真正解决"❸。

综上所述，符合生态正义原则的易于生存社会的构想，强调社会存在与社会意识的变革，要求脱离高强度市场架构对个人生存状态的支配，探寻人们满足方式的替代性模式。这就不能再把自然仅仅视为满足人类目的的手段，而是要在尊重人类以外自然的独立性的基础上，考虑那些我们可以拥有的对自然的体验，以新的理性主义精神指导人们的日常生活，以当前或许以为无法进行或者无益的方式来审视人类的满足问题，逐渐改变作为现代社会意识形态的控制自然的观念。根据马克斯·舍勒的理解，"征服自然"意味着对世界的否定性态度，是一种"对世界之恨"，"尊重自然"则体现着对世界的肯定性态度，是一种"对世界之爱"。当然，"尊重自然"的态度可

❶ 马克思．1844年经济学哲学手稿［M］．北京：人民出版社，2014：103.
❷ 马克思．1844年经济学哲学手稿［M］．北京：人民出版社，2014：53.
❸ 马克思．1844年经济学哲学手稿［M］．北京：人民出版社，2014：78.

以由人类的感性愿望和美好情感所确立，也可以基于人类的理性观念和开明自利原则。在古代泛灵论背景中，人类对自然充满了崇拜的原初情感，“用爱的目光瞥见了世界伟大的、包容一切的本质……这种对世界之爱的基本成绩是事物之自动开启，是其隐秘莫测的财富之涌现，是其越来越新的价值之闪现”❶。在符合生态正义原则的易于生存社会的构想中，对自然独立性价值的尊重，有别于古代人对自然的崇拜观念，后者由人类的感性愿望和美好情感所确立，前者出于人们的理性观念和开明自利的思想原则。从原初“尊重自然”的感性之“爱”，到现代科技“征服自然”的理性之“恨”，再到莱斯基于对马克思思想的理解所诠释的“尊重自然”的理性之“爱”，也是一个在对待自然的态度上从肯定到否定，再到否定之否定的发展。这种自然观念的发展及符合生态正义原则的易于生存社会的构想，体现着对以高强度市场架构为特征的资本主义生产运动的现实批判，因为“在晚期资本主义时代，这种‘对世界之恨’在自然资源的过度消耗和生态环境的严重破坏中显露无遗”❷。

---

❶ 马克斯·舍勒．舍勒选集［M］．刘小枫，选编．上海：上海三联书店，1999：1177-1179.

❷ 张盾．马克思与生态文明的政治哲学基础［J］．中国社会科学，2018（12）：14.

后　记

每一种理论学说都有它产生的思想之源和现实之基。在马克思的时代，人类与自然环境的矛盾还没有充分凸显，相较于对自然的考虑，马克思更关注历史问题。从历史批判的视角，马克思深刻揭示了资本主义体制的内在矛盾，并由此批判了资产阶级经济学家将资本主义生产方式看作社会生产的永恒的自然形式的观点，进而揭露了资本主义制度的剥削本性。马克思认为，资本主义据以组织生产过程的出发点是不合理的，因而必将创造产生经济危机的条件，最后导致制度的崩溃。在这些批判中，马克思有意悬搁了资本主义的自然维度，而集中关注其历史维度。进入20世纪，尤其是第二次世界大战后，资本主义通过自身社会结构和生活意识的调整，成功缓和了结构性危机和社会冲突，从早期市场资本主义过渡到晚期垄断资本主义，不但没有发生经典马克思主义理论指认的总崩溃，反而步入了稳定而丰裕的消费社会，工人阶级不仅没有发动起义，反而从革命主体变成消费大众。面对资本主义的新变化，西方马克思主义者开始活跃在历史舞台，他们基于马克思的异化理论，对资本主义社会进行了多角度和宽领域的哲学文化批判。他们认为，资本主义的这些新变化并没有改变资本主义生产方式的内在矛盾，资本主义的危机只是从经济领域转移到了社会政治和文化领域。其中，较有代表性的法兰克福学派，从资本主义的社会现实出发，通过积极的“否定态度”，全面剖析了资本主义社会种种病态、扭曲、异化的现实。这是一种社会维度的批判视角。20世纪后半叶，面对日益凸显的生态与环境问题，莱斯继承并发展了法兰克福学派的社会批判理论，并将相关研究与生态问题有效结合，深入到资本主义社会的经验层面，实现了资本主义批判理论的生态学转向，开启了一种对资本主义制度的生态维度批判。

莱斯等生态学马克思主义者认为，面对有限的自然资源，资本主义试图提供无限商品得以维持的冲动，势必造成人与自然关系的紧张，使得资本主义社会走向更为深刻的生态危机。生态危机作为资本主义危机的最新形式，昭示了资本主义生产方式的历史界限。只有从马克思主义立场出发，才能够认识到资本主义生产—消费方式与地球生态系统之间固有的矛盾，也只有从根本上拒斥这种长久遗留的以技术控制自然的观念，才能为生态问题的解决找到一条切实可行的途径。作为该学派的重要奠基人，莱斯第一次系统阐述了生态学马克思主义的理论纲领。莱斯的研究使我们意识到，所谓生态问题的发生是几个世纪以来资本主义生产方式和消费方式与地球自然生态环境之间矛盾的一个必然结果，而这一历史过程的根源必须追溯到“人类通过科学技术征服自然来满足自己的需要”这一现代性规划，从而对生态问题的考察必须追溯到马克思对资本主义生产与消费体制的政治批判。当然，作为一位西方学者，莱斯难免受到所处社会制度与意识形态的影响，凸显出自身认识的局限以及对资本主义制度批判的不彻底，在对相关思想的研究中需要保持一种积极的扬弃态度。

正如生态危机植根于资本主义的本性，生态文明正是社会主义制度的内在要求。当前，建设生态文明的美丽中国已成为我国各项体制建设的基本目标和基本国策，对生态学马克思主义思想的研究，有助于我国当前生态文明的理论建设，能够使我们更为清楚地认识到中国特色社会主义的道路自信、制度自信。我们需要立足于马克思主义的基本思想和方法原则，充分借鉴西方学者的合理思想资源，确立中国特色社会主义生态文明建设的理论自信和文化自信。

祁松林

2023 年 7 月